Suhrkamp

TASCHEN-
ATLAS
DER
ABGELEGENEN
INSELN
VON
Judith Schalansky

Fünfundfünfzig Inseln,
auf denen ich nie war und
niemals sein werde

Suhrkamp

PAZIFISCHER OZEAN

ANTARKTISCHER OZEAN

ISOLARIO. MUTIERTE MÄUSE, VERSTUMMTE KARTEN, OBSKURE INSELN

AN EINEM SOMMERTAG im Jahr 2009, zwei Wochen nachdem ich mich an einer Mainzer Druckmaschine davon überzeugt hatte, dass meine Arbeit am *Atlas der abgelegenen Inseln* – zumindest für diese erste Auflage – abgeschlossen war, fiel mein Blick in der Bibliothek auf einen Band mit dem verheißungsvollen Titel *Isolario.* Ich nahm ihn zur Hand und musste zu meiner Verblüffung feststellen, dass es die Buchgattung, von der ich geglaubt hatte, sie gerade mit meinem Atlas erfunden zu haben, längst gab: handliche Inselenzyklopädien, sogenannte *Isolarii* eben, die im 15. und 16. Jahrhundert vor allem in der Lagunenrepublik Venedig – ein Zentrum der Seefahrt wie auch der frühen Druckkunst – beliebt waren und die nichts anderes versammeln als Inseln: nahe und ferne, vertraute und neu gesichtete, sagenumwobene und fremdartige, bündig porträtiert mit Kartenbild, Küstenansichten sowie historiografischen und literarischen Beschreibungen samt Angaben zu Position, Größe, etwaigen Untiefen und Anlandungsmöglichkeiten. // Offenbar hatte ich unwissentlich ein weitgehend vergessenes, doch schillerndes Buchgenre wiederbelebt, das im verschatteten Grenzgebiet zwischen Welt-Atlas und Reisebericht seinen Ursprung hat. Mit beiden Gattungen teilt es die Eigenschaft, mit jeder weiteren Erkundungsfahrt immer neue Küstenlinien und Erfahrungen zu verzeichnen. // Als

Vorlage aller nachfolgenden *Isolarii*, las ich, gilt das 1420 in Rhodos und in Konstantinopel erschienene *Liber insularum archipelagi* – auch bekannt als *Insularium Illustratum* –, ein willkürlich angeordneter enzyklopädischer Atlas von 79 Inseln, Archipelen und einigen Küstenorten im Ionischen und im Ägaischen Meer, der geografisches, nautisches und historisches Weltwissen auf eine Weise kombiniert, dass er nicht nur praktische Orientierung bietet, sondern auch Kontemplation und Kurzweil erlaubt. So schreibt der Autor, ein Florentiner Mönch namens Cristoforo Buondelmonti, der die griechischen Gewässer selbst bereist hatte, im Widmungsvorwort an den Kardinal Orsini: *Ich schicke es Ihnen, damit Sie das Vergnügen haben können, Ihre Gedanken schweifen zu lassen, wenn Sie erschöpft sind*, was durchaus als Aufforderung zum ›Armchair Travelling‹ verstanden werden kann, jener unvergänglichen Form des Reisens, die Geldbeute und Ressourcen schont, die Vorstellungskraft hingegen befördert.

GLEICHWOHL wurden diese *Isolarii* – entstanden am Beginn des Zeitalters folgenschwerer europäischer Erkundungs- und Eroberungsstreifzüge – auch als Lotsenhandbücher an Bord mitgeführt, wohingegen mein Inselatlas, wie ein Skipper später in einem Leserbrief kritisch anmerkte, sich zum Segeln als ganz und gar untauglich erwiesen hat. Es sollte nicht die einzige Zuschrift bleiben, die ich in den darauffolgenden Jahren, in denen mein Buch in immer neuen Sprachen erschien, aus allen Ecken der Welt erhielt. So erreichten mich ein kalligrafisch verzierter Umschlag aus einer Polarstation, Bitten um Bibliografien, zahlreiche Korrekturen sowie eine Reihe von Ergänzungsvorschlägen, die ich – da die arktische Insel Jan Mayen für den einmal gewählten Maßstab bedauerlicherweise ebenso überdimensioniert ist wie die subantarktischen Heard und McDonaldinseln oder die Kerguelen – auch in der vorliegenden, erweiterten Ausgabe nicht berücksichtigen konnte. Ich erfuhr von Globetrottern – einfallsloserweise allesamt Männer –, die sich zum Ziel gesetzt hatten, möglichst viele der in meinem Band aufgeführten Inseln aufzusuchen. // Mein Atlas, so viel stand fest, führte längst ein Eigenleben und kam – wie ich nicht ohne eine Spur von Befriedigung feststellte – dabei zweifellos weiter in der Welt herum, als ich es jemals können und wollen würde. Auch schien er eine Reihe ähnlich gearteter Buchprojekte zu inspirieren, poetische Atlanten über sagenhafte oder unheimliche Orte, über verschwundene Paradiese oder untergegangene Städte, Phantominseln oder obskure Grenzverläufe, in denen sich kartografische und erzählerische Weltaneignungen kreuzen. // Die frühneuzeitlichen *Iso-*

larii markierten den Beginn eines Zeitalters zügelloser Welterkundung, und da einzig die Schifffahrt Zugang zu unerforschten Gefilden versprach, zerlegten jene Kompendien die bekannte Welt in ein einzig vom Meer aus zugängliches exotisches Inselreich. Die poetischen Atlanten von heute zeugen hingegen von dem drängenden Bedürfnis, in der restlos vermessenen und durch verworrene Ausbeutungsverhältnisse kurzgeschlossenen globalisierten Welt noch einmal die letzten vermeintlich weißen Flecken des Unbekannten und Staunenswerten zu beschwören.

JETZT, DA SELBST DIE TIEFSEE und die Polargebiete vor menschlicher Zudringlichkeit nicht mehr sicher sind, verschiebt sich die Grenze menschlicher Einflussnahme in extraterrestrische Sphären, auf das zum Teil wüste Terrain benachbarter Planeten: neue Niemandsländer, auf die zwangsläufig die gleichen territorialen Ansprüche gerichtet werden wie einst bei der Kolonisierung vorgefundener fremder Landstriche. Es scheint, als ob ein durchaus visionärer, jedoch geschichtsvergessener Teil der Menschheit in einer Art Wiederholungszwang gefangen sei, in dem der Drang, ferne Welten zu erforschen, weder Tabu noch *non plus ultra* kennt, sondern allenfalls Grenzen technischer Machbarkeit. Dabei gilt die wissenschaftliche Erkundung noch immer als erhabener

Dienst an der Allgemeinheit, wenngleich sie nicht selten die wirtschaftliche Ausbeutung durch eine Minderheit nach sich zieht.

DER WUNSCH, mich noch einmal meinem *Atlas der abgelegenen Inseln* zu widmen, befiel mich in einer Zeit der unfreiwilligen Isolation – ein von *Isola*, dem lateinischen Wort für ›Insel‹, hergeleiteter Begriff, der nichts anderes als ›Verinselung‹ bedeutet –, die einen Großteil der von Menschen bewohnten Weltgegenden in lauter Inseln von Haushalten verwandelte. Fünf weitere Eilande nahm ich in meine Sammlung auf, die geografisch abgelegen sein mögen, doch deren Geschichten ins Zentrum des hybriden Wesens von Inseln führen: zwischen Wildem und Kultiviertem, zwischen Verlassenem und Verbundenem, zwischen Wunschtraum und Ernüchterung. // Bei der Gelegenheit aktualisierte ich die Fakten des Buches – wie die Anzahl der Ein- oder Bewohner – und überprüfte die offiziellen Angaben über die Entdeckung des jeweiligen Landstrichs dahingehend, ob die von Seefahrern aufgesuchte Insel zu jenem Zeitpunkt bereits bewohnt wurde. Wo dies zutraf, ersetzte ich ›entdeckt‹ durch ›vorgefunden‹, ein Verb, dessen Lakonie den pathetisch inszenierten Akt vermeintlicher Entdeckung eine Spur angemessener erdet.

WELCH SCHWERWIEGENDE Folgen der Drang haben kann, noch den letzten Winkel der Welt aufzusuchen, zeigt die in Ermangelung natürlicher Feinde zu enormer Körpergröße mutierte und zu ungeheurer Masse angewachsene Hausmauspopulation auf der südatlantischen → Gough-Insel (94). Anfang des 19. Jahrhunderts von Wal- und Robbenfängern eingeschleppt, durchliefen die hochsozialen Nagetiere dort mit der Zeit eine immer feiner auf die örtlichen Gegebenheiten abgestimmte Entwicklung. Grund dafür sind jene herausragenden Qualitäten wie Anpassungsfähigkeit, schnelle Generationswechsel und die Neigung zu Mutationen, die ihre vom Schicksal weniger begünstigten Artgenossen dazu prädestinierten, Ahnen einer durch stete Inzuchtverpaarung genetisch weitgehend homogenen Unterart namens *Mus laboratorius* zu werden. Während diese sich mit ihrem so künstlich wie natürlichen Habitat der grell ausgeleuchteten biologischen Versuchsanordnungen zu begnügen hatten, störten die Gougher Mäuse das inseltypisch fragile Ökosystem lange im Verborgenen, jedoch weitaus massiver als das erst vor einigen Jahrzehnten unbemerkt auf die Südatlantikinsel gelangte Niederliegende Mastkraut: ein moosartiges, mit Vorliebe in Ritzen keimendes, mehrjähriges Unkraut, das es im unerschütterlichen Bestreben, seinen Herrschaftsbereich maximal auszuweiten, durchaus mit Mensch und Maus aufnehmen kann. Die invasiven Mäuse jedoch verendeten vor Kurzem an innerer Verblutung; mithilfe drastischer, kostspieliger und nicht ungefährlicher Mittel wie der Massenvergiftung einer Wirbeltierpopulation wurde – wie bereits im Falle der Kaninchen auf der → **Macquarieinsel (154)** – versucht, das einmal Geschehene zu revidieren, die Zeit zurückzudrehen, und ein Zustand ausgewogener Artenvielfalt angestrebt, der sich allerdings schwerlich als moralisch unbedenklich oder gar natürlich bezeichnen lässt. // So nachvollziehbar der Wunsch ist, den menschlichen Faktor aus intakten ökologischen Zusammenhängen herauszuhalten, so utopisch muss er genannt werden. Als die Ausrottungspläne der zuständigen Naturschutzbehörde publik wurden, forderten Tierschützer, der Mensch solle sich hier nicht einmischen, was ähnlich realitätsfremd anmutet wie jene gutgemeinte Vision, die Hälfte der irdischen Landmassen in eingezäunte Nationalparks zu verwandeln, in denen Menschen nur als zahlende Touristen oder aber als wildernde Terroristen in Erscheinung treten.

TATSACHE IST: EGAL, wohin die Reise heute auch geht, stets werden einem die Spuren der eigenen Spezies begegnen. Der notorisch mit der Insel verbundene Traum von unbelastetem Neuanfang und alternativer Gesellschaftsform, für dessen utopische Verwirklichung es einzig eines unbetretenen Landes bedarf, ist endgültig hinfällig, ja, pervertiert, auch wenn er in den elitären Prepper-Phantasien künstlicher, autarker Inseln fortlebt. // Vor der → **Bäreninsel** (48) wird nach Erdöl gebohrt, dessen polymere Endprodukte an den Stränden der → **Midwayinseln** (250) die Gedärme von Albatrossen verstopfen. Und → **Banaba** (186), in vorkolonialen Zeiten ein unabhängiges, fruchtbares Inselreich, ist heute, Jahrzehnte nach der Schließung der Phosphatmine und der Abtragung von Millionen Tonnen guanohaltigen Erdbodens, der als Düngemittel über Generationen hinweg die Ernährung der australischen und neuseeländischen Bevölkerung garantierte, noch immer ein Schlachtfeld, eine von asbestverseuchten Ruinen durchsetzte Kraterlandschaft, die es den wenigen aus dem Zwangsexil heimgekehrten Banabaren kaum erlaubt, sich selbst zu versorgen. // Offensichtlich ist für eine abgelegene Insel die Wahrscheinlichkeit, durch hemmungslose Ausbeutung oder militärische Nutzung verwüstet zu werden, ebenso groß wie jene, unter streng kontrollierten Naturschutz gestellt zu werden. Dass das eine das andere nicht ausschließt, zeigt die Geschichte der → **Midwayinseln** (250), die unter Verwaltung der US-amerikanischen Luftwaffe zum Naturschutzgebiet erklärt wurden, wobei das sandige Atoll aus der Luft noch heute seine Vergangenheit als natürlicher Flugzeugträger verrät. // Es waren auch Satellitenbilder, die an anderer Stelle offenbarten, was der Weltöffentlichkeit verborgen bleiben sollte: dass nämlich Indien auf den mauritischen Inseln → Agalega (132), einer ehemaligen Sklavenkolonie, die eine erschreckend nahtlose Geschichte der Ausbeutung ihrer dichten Kokospalmenwälder durch wechselnde Handelskompanien vorweisen kann, in rasender Geschwindigkeit – und ohne die obligatorischen Umweltverträglichkeitsprüfungen durchlaufen zu müssen – eine gigantische Landebahn sowie einen neuen Kai bauen ließ und die Koralleninseln mit ebenjener Infrastruktur versah, die eine Nutzung als Militärbasis nahelegen. Es ist nicht unwahrscheinlich, dass damit der Bevölkerung – zum großen Teil Nachfahren aus Mosambik und Madagaskar verschleppter Sklaven – jenes Schicksal droht, das die von → Diego Garcia (112) vertriebenen, bis heute auf Rückkehr und Entschädigung drängenden Chagossianer erfuhren. // Die insularen Militärbasen, zu den mittlerweile selbst strategisch günstig gelegene Sandbänke aufgerüstet werden, verkörpern wohl am besten jene vielfach beschworenen Orte außerhalb aller Orte, an denen die genaue Stärke der Besatzung ebenso geheim bleiben muss wie die konkreten Ziele und Zwecke ihrer Operationen. Es sind Territorien mit eigenen Gesetzen, auf denen alles Leben – erst recht jenes, das nicht menschlich ist – der Logik des Krieges unterliegt. Man braucht wenig Fantasie, um vorauszusagen, welche Vorhaben auf der seit einem Vulkanausbruch von Menschen verlassenen, doch von zahlreichen seltenen Tierarten bewohnten Insel → **Pagan** (234) umgesetzt werden: die Pläne des US-Militärs, die Insel als Testgebiet für Bombenabwürfe und Landemanöver bis zur geologischen Unkenntlichkeit zu verwüsten, oder aber das Wiederansiedlungsprogramm für jene indigene Bevölkerung der Chamorro, das es ihnen erlauben soll, ihr angestammtes Land wieder zu bewirtschaften.

DABEI DARF NICHT vergessen werden, dass es sehr wohl noch menschliche Gemeinschaften gibt, die ihre Umwelt auf nachhaltige Weise zu nutzen wissen. Die Angehörigen des auf → **North Sentinel** (128) zurückgezogen lebenden Andamaner-Stamms – nach allem, was man weiß, direkte Nachfahren der ersten afrikanischen Auswanderungswelle vor Zehntausenden von Jahren – leben immer noch als Jäger und Sammler, nicht ohne das Metall aus den Wracks vor ihrer Insel auf Grund gelaufener Schiffe zu jenen messerscharfen Pfeilspitzen zu verarbeiten, die sie auf Eindringlinge abzufeuern bereit sind. Die indische Regierung unternahm von Ende der 1960er- bis Mitte der 1990er-Jahre regelmäßige Kontaktversuche – bei denen Geschenke wie Kokosnüsse oder Kochgeschirr, aber auch ein Mastschwein, eine Puppe oder ein Spielzeugauto am Ufer hinterlassen wurden –, deren unbestrittenen Höhepunkt eine mit Videokamera dokumentierte Begegnung im Jahr 1991 darstellt. Die wackligen Aufnahmen zeigen lachende, muskulöse, ja, selbstbewusste Menschen, die – auch wenn ihre Sprache unerforscht ist – unmissverständlich klarzumachen wissen, dass sie einen Landgang der Besucher nicht dulden würden, und damit einmal mehr ins Gedächtnis rufen, dass einvernehmlicher Kontakt nichts ist, was sich erzwingen lässt: Als Ende 2004, einige Tage nach dem gewaltigen Seebeben, das auch North Sentinel um einige Meter anhob und die seichten, gesicherten Fischgründe der Lagune zerstörte, ein Hubschrauber die Insel auf der Suche nach Überlebenden überflog, entstand ein ikonisches, wie aus der Zeit gefallenes Bild; es zeigt die dunkle Silhouette eines Mannes, der vor dem körnigen, hellen Riff mit Pfeil und Bogen direkt auf das Objektiv der Kamera zielt. Es schien sie also noch zu geben, die sogenannten Edlen Wilden – und dass sie selbst nach Naturkatastrophen ihre Isolation weiter mit Waffengewalt verteidigten, konnte nichts anderes bedeuten, als dass sie bereits ausreichend Bekanntschaft mit unserer Verdorbenheit gemacht hatten. So naheliegend diese Lesart sein mag, so fahrlässig ist sie, weil sie vor allem von unseren eigenen, in der

Idealisierung jener Menschen auf Erlösung hoffenden Schuldgefühlen erzählt und von unserer Sehnsucht nach einer naturverbundenen, unschuldigen Version unserer selbst, die dem Sündenfall des technischen Fortschritts widersteht. // Der junge US-Amerikaner John Allen Chau wiederum verortete die Erlösungsbedürftigkeit bei den Insulanern, die zu ihrem eigenen Seelenheil dringend missioniert gehörten. Sein fataler Besuch auf North Sentinel folgte dem alten, kolonialen, noch immer wirkmächtigen Mythos von der letzten Wildnis, die nur darauf wartet, gezähmt zu werden. Selbst die Seele wird in dieser Erzählung zu einer Ressource, die es sich einzuverleiben gilt, und der eigene, in Kauf genommene Tod zu einem angemessenen Einsatz für die Aussicht, noch einmal Pionier zu sein und der als abgeschlossen geltenden Missionars- und Entdeckerliteratur ein weiteres, finales Kapitel hinzuzufügen. Dabei lehrt die Geschichte, dass ein derartiger Vorstoß für die kontaktierte Urbevölkerung nur die eine, vielfach durchexerzierte Dramaturgie kennt: Kulturverlust, Krankheit und Tod – besiegelt von eingeschleppten Sitten und Seuchen (→ **Osterinsel (198)**). Dass die Sentinelesen, wie die Ethnie in Ermangelung besseren Wissens genannt wird, ihre Lebensweise verteidigen können, ist vor allem dem geografischen Umstand geschuldet, dass sie eine Insel bewohnen. Die Satelliten, deren Objektive North Sentinel aus mehreren Hundert Kilometern Höhe regelmäßig abtasten, heißen ironischerweise *Sentinel*, ›Wächter‹, und liefern hochaufgelöste Bilder, aus denen sich zwar eine Landkarte der Insel generieren lässt, deren Flurnamen jedoch hoffentlich für immer ebenso unbekannt bleiben wie die genaue Anzahl ihrer Einwohner.

DIE GESAMTE WELTGESCHICHTE, so dachte ich bei der Durchsicht meines Buches, ließe sich unschwer anhand abgelegener Inseln erzählen, deren Überschaubarkeit offenbar dazu einlädt, historische Zusammenhänge in nuce erfahrbar zu machen. // Dass beispielsweise Australien auf der → **Weihnachtsinsel** (120) ein Internierungslager für einwanderungswillige Menschen eingerichtet hat, erscheint für eine Nation, die ihren Ursprung in einer gigantischen, die Landrechte der Urbevölkerung missachtenden Sträflingskolonie hat, geradezu zwingend. // Tief liegende Atolle wie → **Takuu** (242), → **Agalega** (132) oder → **Nukulaelae** (246), deren sandiges, zumeist unfruchtbares Land nur wenige Meter über dem Meeresspiegel liegt, lassen die Auswirkungen der globalen Erwärmung eindrücklich anschaulich werden. So wurde Tuvalu (→ **Nukulaelae** (246)) zum Sinnbild einer gefährdeten Inselnation, ja, zum gerne zitierten ›Kanarienvogel in der Kohlemine‹, jener in Käfigen gehaltenen Singvogelart, deren plötzliches Verstummen die Bergleute auf den Austritt giftiger Gase aufmerksam machte. Das Bild erscheint seltsam passend, wenn man bedenkt, dass die Vögel ursprünglich von Inseln – den Kanarischen – stammen und in den Schächten vor unmittelbaren Lebensgefahren des Bergbaus – sogenannten Bösen Wettern – warnten, während die erodierten Küsten der Atolle mittelbare Folgen des Kohlendioxidanstiegs in der Atmosphäre erfahrbar machen, der aus der Nutzung fossiler Brennstoffe resultiert. Doch auch diese Metapher nimmt die Inseln nicht als reale Orte wahr, die um ihrer selbst willen erhaltenswert sind, sondern als Lehrbeispiel kommender Katastrophen, deren Wert sich vor allem aus ihrem Nutzen für die übermächtigen, kontinentalen Landmassen bemisst. // Nicht frei von apokalyptischer Zuspitzung wird damit erneut der Inseltopos idyllischer irdischer Paradiese beschworen, deren Untergang die reichen, molochartigen Zentren industriellen Wachstums zu verantworten haben. Tatsächlich birgt das Szenario versinkender Inseln utopisches Potenzial, stellt es doch das Völkerrecht vor die präzedenzlose Frage, wie mit Staaten und ihrer Bevölkerung umzugehen ist, deren Territorien verschwinden. // Doch → **Takuu (242)** ist nicht, wie von der Forschung seit zwanzig Jahren angekündigt, untergegangen; auf dem Atoll, so las ich, wurde sogar wieder ein Hilfsposten eingerichtet, mit

Büro und Lagerraum, einer Ambulanz und einer Geburtsstation. Es könnte nicht das letzte Mal sein, dass ich mein *Isolario* umschreiben muss, weil die Wirklichkeit alle Prophezeiungen überschreibt.

DAS PARADIES
IST EINE INSEL.
DIE HÖLLE AUCH.

ICH BIN mit dem Atlas groß geworden. Und als Atlas-Kind war ich natürlich nie im Ausland. Dass ein Mädchen aus meiner Klasse tatsächlich, wie es in ihrem Kinderausweis stand, in Helsinki geboren sein sollte, war mir unvorstellbar. H-e-l-s-i-n-k-i – diese acht Buchstaben wurden für mich zum Schlüssel zu einer anderen Welt, und es ist noch heute so, dass ich Deutschen, die zum Beispiel in Nairobi oder Los Angeles geboren sind, mit unverhohlener Verwunderung begegne und sie nicht selten für bloße Aufschneider halte. Genauso gut könnten sie behaupten, aus Atlantis, Thule oder dem El Dorado zu kommen. Eigentlich weiß ich natürlich, dass es Nairobi und Los Angeles wirklich gibt. Diese Städte sind ja auf den Karten verzeichnet. Aber dass man dort tatsächlich *gewesen* oder sogar *auf die Welt gekommen* sein kann, bleibt mir nach wie vor unbegreiflich.

WAHRSCHEINLICH liebte ich Atlanten deshalb so sehr, weil mir ihre Linien, Farben und Namen die wirklichen Orte ersetzten, die ich ohnehin nicht aufsuchen konnte. Und das blieb auch so, als sich alles änderte, die Welt bereisbar wurde und mein Geburtsland samt seinen eingezeichneten und gefühlten Grenzen von den Karten verschwand. // Ich hatte mich bereits an die Fingerreisen im Atlas gewöhnt, die Eroberung ferner Welten im Wohnzimmer der

Eltern, das Flüstern fremder Namen. *Atlas für jedermann* hieß der erste Atlas meines Lebens. Dass er – wie jeder andere auch – einer Ideologie verpflichtet war, zeigte in unmissverständlicher Deutlichkeit seine Weltkarte, die so auf der Doppelseite platziert war, dass Bundesrepublik und DDR auf zwei verschiedenen Buchseiten lagen. Hier verlief zwischen den zwei deutschen Ländern keine Mauer, kein Eiserner Vorhang, sondern der zu beiden Seiten weiß blitzende, unüberwindbare Falz. Dass das Provisorische der DDR in westdeutschen Schulatlanten wiederum gern durch gestrichelte Linien und die mysteriöse Abkürzung ›SBZ‹ behauptet wurde, erfuhr ich erst später, als ich mit dem importierten *Diercke* die Flüsse und Gebirge der nun mehr als doppelt so großen Heimat auswendig lernen musste. // Seitdem misstraue ich den politischen Weltkarten, in denen die Länder wie bunte Handtücher auf dem blauen Meer liegen. Sie veralten schnell und geben kaum mehr Auskunft, als wer welche Farbflecken vorübergehend verwaltet.

WIE VIEL MEHR ERZÄHLT dagegen das Kartenbild, das die Natur nicht verstaatlicht, sondern sie über alle von Menschen gemachten Grenzen hinweg vergleichbar werden lässt. In den physischen Topografien können die Landmassen vom tiefebenen Dunkelgrün bis zum hochgebirgigen Rotbraun oder polaren Gletscherweiß leuchten und die Meere in allen Blautönen erstrahlen – erhaben über den Lauf der Geschichte. // Natürlich zähmen auch diese Kartenbilder die natürliche Wildnis durch gnadenlose Generalisierung, welche die Vielfalt der realen Geografie reduziert, sie durch stellvertretende Zeichen ersetzt und darüber entscheidet, ob ein paar Bäume schon einen Wald ergeben, ob eine menschliche Spur als Pfad oder Feldweg registriert wird. So ist die Autobahn auf Karten dem Maßstab widersprechend breit, wird eine deutsche Millionenstadt mit dem gleichen Viereck beschrieben wie eine chinesische, und eine arktische Bucht leuchtet genauso blau wie eine pazifische, weil beide die gleiche Meerestiefe haben. Die Eisberge, die sich in Ersterer türmen, werden hingegen einfach verschwiegen. // Landkarten sind abstrakt und gleichzeitig konkret – und bieten bei aller vermessenen Objektivität doch kein Abbild der Wirklichkeit, sondern eine kühne Interpretation.

DIE LINIEN erweisen sich dabei als wahre Verwandlungskünstlerinnen, sie durchkreuzen als kühles mathematisches Raster der Meridiane und Parallelkreise ohne Rücksicht Land und Wasser oder zeichnen als organische Höhenlinien Gebirge, Täler und Meerestiefen nach und sorgen – unterstützt von der

Schatten werfenden Schummerung – dafür, dass die Erde ihre Körperlichkeit behält. // Dass der auf der Landkarte reisende Finger durchaus als erotische Geste verstanden werden kann, wurde mir vollends bewusst, als ich in der Berliner Staatsbibliothek zum ersten Mal dem pornografischen Pendant des Atlas begegnete, dem reliefierten Globus, bei dem die Vertiefungen des Marianengrabens und die Höhenzüge des Himalaja geradezu obszön greifbar werden. // Natürlich entspricht der Globus der Erde eher als die Kartensammlung im Atlas und kann zudem in Jugendzimmern fernwehmütige Stimmung verbreiten. Die Kugelform ist aber so genial wie heikel. Die haltlose Gestalt der Erde hat keine Ränder, kennt weder oben noch unten, weder Anfang noch Ende und lässt eine Seite immer im Verborgenen.

IM ATLAS DAGEGEN darf die Erde noch so übersichtlich und flach sein, wie sie es lange Zeit war, bevor Entdeckungsreisen den verheißungsvollen weißen Flecken der unerforschten Gebiete Konturen und Namen gaben und die Ränder der Weltkarten von den sich dort tummelnden Seeungeheuern und skurrilen Monsterrassen befreiten. Schließlich wurde auch jener riesige Wunschkontinent auf der Südhalbkugel zum Verschwinden gebracht, dessen Name gleich doppelt falsch war: *Terra australis incognita* – wenn das Land unbekannt war, wieso war es dann benannt? // Die Welt auf einen Blick sichtbar machen zu wollen, wirft Probleme auf, die nicht befriedigend zu lösen sind. Alle Projektionen stellen die Welt verzerrt dar. Entweder stimmen die Entfernungen, die Winkel oder die Verhältnisse der Flächen nicht. So kommt es etwa zu jenem winkeltreuen Weltbild mit schamlos verzerrten Länderproportionen, auf denen der zweitgrößte Kontinent Afrika genauso groß aussieht wie die weltgrößte Insel Grönland, die in Wirklichkeit jedoch vierzehnmal kleiner ist. Es ist einfach nicht möglich, die gekrümmte Oberfläche der Erde mit gleichzeitiger Flächen-, Längen- und Winkeltreue auf eine ebene Fläche zu projizieren. Die zweidimensionale Weltkarte ist ein Kompromiss, der die Kartografie zu einer Kunst zwischen ungehörig vereinfachender Abstraktion und ästhetischer Weltaneignung werden ließ. Am Ende geht es schlichtweg darum, die Welt zu erfassen, nach Norden auszurichten und gottgleich zu überblicken. So wird ein vermeintlich objektives Weltganzes mit wissenschaftlichem Wahrheitsanspruch präsentiert, der auch nicht davor zurückschreckt, die irdischen Planisphären ›Weltkarten‹ zu nennen, so als gäbe es kein Sonnensystem oder Weltall. Natürlich müsste es ›Erdkarten‹ heißen. Es heißt ja auch nicht ›Weltkunde‹!

VOR EIN PAAR JAHREN zeigte mir meine Typografieprofessorin ein riesiges Buch, das sie in einem massigen Planschrank aufbewahrte. Ich hatte schon einiges aus ihrer Sammlung gesehen, historische Poesiealben, aquarellierte Zeichnungen von Wurstsorten, Törtchen und Schleifen sowie die längst veraltete Ausgabe eines Kompendiums mit dem vielversprechendsten Titel, den ein Buch haben kann: *Ich sag Dir alles.* Das war nicht untertrieben: In diesem Band folgte auf eine Schautafel sämtlicher Bartmoden ein Querschnitt des menschlichen Gebisses und auf die Daten der ökumenischen Konzile eine Tabelle der wichtigsten Attentate der Neuzeit, was den wunderbaren Kolumnentitel ›Konzile/Attentate‹ möglich machte. // Doch jetzt holte sie einen in blaues Marmorpapier eingeschlagenen Folianten aus zerknittertem Seidenpapier hervor, der selbst *Ich sag Dir alles* in den Schatten stellte. Jede der glatten, angegilbten Seiten war voll von geometrischen Konstruktionen, Kreuzen, Kästchen, einfachen, doppelten, dreifachen, gestrichelten und durchgezogenen Linien, von lichten, kursiven und verzierten Schriftzügen, Abkürzungen, Pfeilen und Symbolen, von aquarellierten Farbfeldern und feinsten Schraffierungen. Hier wurden alle Protagonisten der kartografischen Erzählung einzeln aufgelistet und geübt, sogar die schwarz-weiß gestreiften Rändchen und die Maßstabskalen. An manchen Stellen war der Strich der Feder noch etwas ungelenk, andere Seiten waren so vollkommen, als wären sie nicht von Menschenhand gemacht. Bei dem Band handelte es sich um die gebundene Sammlung von topografischen Zeichnungen aus der Lehrzeit eines französischen Kartografen zwischen 1887 und 1889, wie die schmuckreichen Versalien der Titelei verrieten. // Im hinteren Vorsatzpapier entdeckte ich ein einzelnes, kleinformatiges Blatt. Es zeigte die Karte einer Insel, hatte einen Rahmen samt dem Trompe-l'œil eines gezeichneten Knicks an der unteren linken Ecke, jedoch weder Maßstab noch Beschriftung. Auf diesem stummen, namenlosen Eiland erhob sich ein wulstiges Massiv braun aquarellierter Gebirgszüge, in deren Talsohlen kleine Seen lagen und sich Flüsse schlängelnd ihren Weg ins Meer suchten, das nur von der blauen Kontur des Küstenverlaufs angedeutet wurde. // Ich stellte mir vor, dass der Kartograf erst diese Insel zeichnen musste, ehe er sich an das Festland wagen durfte, und plötzlich wurde mir klar, dass Inseln nichts als kleine Kontinente und die Kontinente wiederum nichts anderes als sehr, sehr große Inseln sind. Dieser klar umrissene Flecken Land war ganz und gar vollkommen und gleichzeitig verloren, wie das lose Blatt, auf das er gezeichnet worden war. Jeglicher Bezug zum Festland war hier abhandengekommen. Der Rest der

Welt wurde einfach verschwiegen. Eine einsamere Insel habe ich nie gesehen.

TATSÄCHLICH gibt es eine Reihe von Inseln, die so weit von ihrem Mutterland entfernt sind, dass sie nicht mehr auf die nationalen Karten passen. Meistens werden sie dann übergangen; bisweilen erhalten sie einen Platz am kartografischen Katzentisch: eingepfercht in einen gerahmten Kasten, an den Rand gedrängt, mit eigenem Maßstab, aber ohne Auskunft über ihre tatsächliche Lage. So werden sie zu Fußnoten des Festlandes, in gewisser Weise entbehrlich, aber ungleich interessanter als der gewichtige, kontinentale Korpus. // Es ist ohnehin nur eine Frage des Standpunktes, ob ein Eiland wie die → **Osterinsel (198)** abgelegen ist. Die Einwohner, die Rapa Nui, nennen ihre Heimat jedenfalls Te Pito o te Henua, den ›Nabel der Welt‹. Auf der endlosen, kugelförmigen Erde kann jeder Punkt zum Zentrum werden. // Nur vom Festland aus gesehen ist eine solche Insel, das Werk von aktiven und erloschenen Vulkanen, entlegen. Die Tatsache, dass von ihr aus das nächste Land Wochenreisen mit dem Schiff entfernt ist, macht die Insel in den Köpfen der Kontinentalbewohner zu einem idealen Ort und das vom Wasser umgebene Land zur perfekten Projektionsfläche für utopische Experimente und irdische Paradiese: Auf dem südatlantischen Eiland →**Tristan da Cunha (86)** lebten im 19. Jahrhundert sieben Sippen unter der patriarchalen Herrschaft des Schotten William Glass in mikrokommunistischer Eintracht. Der zivilisations- und weltwirtschaftskrisenmüde Berliner Zahnarzt Dr. Ritter gründete 1929 auf der Galapagosinsel →**Floreana (182)** eine Einsiedelei, in der er auf alles Überflüssige verzichten wollte – die Kleidung eingeschlossen. Und der Amerikaner Robert Dean Frisbie zog in den 1920er Jahren auf das pazifische Atoll →**Pukapuka (174)**, wo er – einem klassischen Motiv der Südseeliteratur entsprechend – eine bemerkens- und beneidenswerte Freizügigkeit vorfand. Hier scheint die Insel ganz bei sich, noch in einem unbefangenen Urzustand, als Paradies vor dem Sündenfall, schamlos, aber unschuldig.

DER FASZINATION SOLCH abgeschiedener Orte erlag auch der kalifornische Seemann George Hugh Banning, der Anfang des 20. Jahrhunderts als gemeiner Matrose das pazifische Meer befuhr, mit dem innigen Wunsch, irgendwo Schiffbruch zu erleiden. Wo das geschehen sollte, war ihm egal, *solange es eine gottverlassene Örtlichkeit war, die das Wasser allseits umgab.* Aber zunächst sollte er Pech haben und musste desillusioniert feststellen: *Wir liefen nur ›interessante‹ Inseln an, wie Oahu und Tahiti, wo Kaugummihüllen und amerikanische Redensarten fast ebenso häufig sind wie Bananenschalen und Windgeflüster in Palmenwipfeln*. Schließlich hatte er Glück und durfte mit zu einer Expedition in mexikanische Gewässer auf einer der ersten Dieseljachten mit elektrischem Antrieb. Die Fahrt ging zu den Inseln Niederkaliforniens (→ **Socorro (218)**), von denen er sicher wusste, dass sie kaum je aufgesucht worden waren, weil dort *nichts* ist, wie die Leute behaupteten. Als er vor seiner Abreise gefragt wurde, was denn dort zu holen sei, antwortete er: *Nichts, nichts; und das ist gerade das Schöne.*

DIE ANZIEHUNGSKRAFT des schönen Nichts war es auch, die Expeditionen ins Ewige Eis lockte (→ **Rudolf-Insel (52)**), um das buchstäbliche Nichts der polaren Punkte aufzusuchen, nachdem weltreisende Nationen die vegetations- und rohstoffreichen Welten bereits gefunden und unter sich aufgeteilt hatten. So bedeutete auch das unbetretene Land der antarktischen → **Peter-I.-Insel (268)** eine nicht hinnehmbare Kränkung für den menschlichen Drang, Spuren zu hinterlassen, und bot zudem die Möglichkeit, sich doch noch einen Platz in der Geschichte zu sichern. Drei Expeditionen vermochten es nicht, die fast vollständig vereiste Insel zu bezwingen. Erst 1929 – 108 Jahre nach ihrer Entdeckung – gelang eine

Landung, und bis in die 1990er-Jahre hinein waren mehr Menschen auf dem Mond als auf diesem Eiland.

VIELE ABGELEGENE INSELN erweisen sich als doppelt unerreichbar. Der Weg zu ihnen ist lang und beschwerlich, die Anlandung lebensgefährlich bis unmöglich, und selbst wenn sie gelingt, entpuppt sich das so lang ersehnte Land häufig genug – als hätte man es nicht schon geahnt – als öde und wertlos. Die Beschreibungen in den Expeditionsberichten ähneln sich. Leutnant Charles Wilkes vermerkte: *Die* → **Macquarieinsel** (154) *bietet keinerlei Anreiz für einen Besuch.* Auch Captain James Douglas befand: *Diese Insel ist der erbärmlichste Ort eines unfreiwilligen, sklavischen Exils, den man sich ausdenken kann.* Anatole Bouquet de la Grye stimmte der bloße Anblick der → **Campbell-Insel** (190) *traurig*, und auch George Hugh Banning, der Liebhaber einsamer Inseln, berichtete: → **Socorro** (218) *sah wirklich trostlos aus. So wie die Insel da lag, erinnerte sie mich an einen halb verbrannten Strohhaufen, den der Regen gelöscht hat und der, ohne die Kraft, wieder in Flammen aufzugehen, in einer Tintenpfütze ruht.*

EINEM ABERWITZIGEN AUFWAND STEHT oft kärglichster Nutzen gegenüber; die meisten dieser Unternehmungen sind von vornherein zum Scheitern verurteilt. So schickte die *Académie des sciences* einst zwei Expeditionen mit teurer Ausrüstung ans andere Ende der Welt, um dort, auf der **→ Campbell-Insel (190)**, 1874 die Venus-Passage beobachten zu lassen – ein Naturereignis, das schließlich von einer mächtigen Wolke verdeckt wurde. // Um von solchen Misserfolgen abzulenken, verbringen die Wissenschaftler viel Zeit damit, jeden Winkel des Eilandes zu vermessen oder Exemplare endemischer Arten zu finden, deren Auflistung in langen Tabellen die Appendixe der Expeditionsberichte anschwellen lässt. Für die empirische Forschung ist jede Insel ein Fest, ein Labor der Natur; hier muss der Untersuchungsgegenstand endlich einmal nicht mühsam abgegrenzt werden, die Wirklichkeit bleibt zumindest so lange greifbar und zählbar, bis Flora und Fauna von invasiven Tierarten ausgerottet oder die Bevölkerung von eingeschleppten Krankheiten dahingerafft wird.

NICHT SELTEN macht sich bei den wenigen Besuchern vor Ort das blanke Entsetzen breit, und im Angesicht des deutlich begrenzten Raumes schleicht sich wie von selbst der beunruhigende Gedanke an das Risiko ein, zurückgelassen zu werden und bis ans Ende der Tage hier, auf einer einsamen Insel, ein Dasein fristen zu müssen. // Der schwarze Felsen **→ St. Helena (74)** wurde zu Napoleons Verbannungs- und Toteninsel, die fruchtbar grüne → **Norfolkinsel** (170) trotz ihrer paradiesischen Üppigkeit zur gefürchtetsten Sträflingskolonie des Britischen Imperiums, und für die schiffbrüchigen Sklaven der *Utile* erwies sich die winzige Insel → **Tromelin** (124) zunächst zwar als schicksalhafte Rettung, aber die vermeintlich zurückgewonnene Freiheit auf der nicht mal einen Quadratkilometer großen Insel geriet schnell zum Kampf ums nackte Überleben. // Die abgelegene Insel ist von Natur aus ein Gefängnis; eingeschlossen von den monotonen, unüberwindbaren Mauern eines hartnäckig anwesenden Meeres und fernab der Handelsrouten gelegen, welche die Überseekolonien wie Nabelschnüre mit dem Mutterland verbinden, eignet sie sich als Sammelplatz für alles Unerwünschte, Verdrängte und Abwegige. In der Abgeschlossenheit dieser Räume können ungehindert schreckliche Krankheiten ausbrechen und befremdliche Sitten herrschen, wie die mysteriösen Kindstode auf → **St. Kilda** (58) und die furchtbare und zugleich zwingend erscheinende Praxis der Kindstötung auf → **Tikopia** (230). Verbrechen wie Vergewaltigung (→ **Clipperton-Atoll** (210)), Mord (→ **Floreana** (182)) und Kannibalismus (→ **Sankt-Paul-Insel** (100)) scheinen im insularen Ausnahmezustand geradezu vorprogrammiert zu sein. Und dass dabei selbst heute noch Gebiete mit Gesetzen entstehen, die unserem Rechtsempfinden widersprechen, zeigt der Missbrauchsskandal auf → **Pitcairn** (202), wo die kleine Gemeinde von Nachfahren der *Bounty*-Meuterer lebt: 2004 wurde die Hälfte der auf der Insel ansässigen erwachsenen Männer schuldig gesprochen, über Jahrzehnte regelmäßig Frauen und Kinder vergewaltigt zu haben. Zu ihrer Verteidigung beriefen sich die Angeklagten auf ein jahrhundertealtes Gewohnheitsrecht, denn schon ihre Vorfahren waren sexuelle Beziehungen mit minderjährigen Tahitianerinnen eingegangen. Das Paradies mag eine Insel sein. Die Hölle ist es auch.

BESCHAULICH IST DAS LEBEN auf den übersichtlichen Landstrichen jedenfalls in den seltensten Fällen, kommt es doch öfter zur Schreckensherrschaft eines Einzelnen als zur Verwirklichung der Utopie einer egalitären Gemeinschaft. Inseln werden als natürliche Kolonien wahrgenommen, die nur darauf warten, unterworfen zu werden. Nur so ist es möglich, dass sich ein mexikanischer Leuchtturmwärter zum König vom → **Clipperton-Atoll** (210) und eine österreichische Hochstaplerin auf → **Floreana** (182) zur Kaiserin von Galapagos ausruft. // Aus den kleinen Kontinenten werden Miniaturwelten, in denen unter Ausschluss der Weltöffentlichkeit Völkerrechtsbrüche begangen (→ **Diego Garcia** (112)), Atombomben gezündet (→ **Fangataufa (158)**) oder ökologische Katastrophen in Gang gesetzt (→ **Osterinsel (198)**) werden können. // An den Rändern der endlosen Erdkugel lockt kein unberührter Garten Eden. Stattdessen werden die weit gereisten Menschen hier zu den Monstern, die sie in mühevoller Entdeckungsarbeit von den Karten verdrängt haben.

JEDOCH SIND ES GERADE die schrecklichen Begebenheiten, die das größte erzählerische Potenzial haben und für die Inseln der perfekte Handlungsort sind. Während die Absurdität der Wirklichkeit sich in der relativierenden Weite der großen Landmassen verliert, liegt sie hier offen zutage. Die Insel ist ein theatraler Raum: Alles, was hier geschieht, verdichtet sich beinahe zwangsläufig zu Geschichten, zu Kammerspielen im Nirgendwo, zum literarischen Stoff. Diesen Erzählungen ist eigen, dass Wahrheit und Dichtung nicht mehr auseinanderzuhalten sind, Realität fiktionalisiert und Fiktion realisiert wird. Schon die Entdecker wurden für ihre Entdeckungen gerühmt, als handele es sich dabei um schöpferische Leistungen, als hätten sie neue Welten nicht nur *aufgefunden*, sondern überhaupt erst *erfunden*. Dabei spielt die geografische Namensgebung eine bedeutende Rolle – so als würde der Name dem Ort erst zu seiner Existenz verhelfen. Wie bei der Taufe wird auch hier ein Bund besiegelt, zwischen Entdecker und Entdecktem, und die Besitznahme des vermeintlich ›herrenlosen‹ Landes legitimiert, selbst wenn dieses nur aus der Ferne gesichtet wurde oder längst bewohnt und benannt ist. // Dabei gilt wie bei allen Leistungen: *Scribere necesse est, vivere non est* – nur das ist wirklich geschehen, worüber geschrieben worden ist. Wer also die Flagge in den Boden steckt, bemüht sich, den nationalen Anspruch mit allerlei Informationen zu untermauern: Er berechnet die Koordinaten, kartografiert das Land und verteilt geografische Namen in seiner Sprache. Indem Norwegen die einzige aktuelle Karte der **→ Peter-I.-Insel** (268) anfertigen ließ, betonte es sein Besitzrecht, wenngleich laut der Antarktisverträge jeglicher Gebietsanspruch zu ruhen hat. Das Kartografieren folgt dem Entdecken, der neue Name ist eine Geburt. Die fremde Natur wird gleich doppelt besetzt und besessen, der Eroberungsakt in der Karte wiederholt. Erst wenn etwas genau verortet und vermessen wurde, ist es wirklich und wahr. So ist jede Karte das Ergebnis und die Ausübung kolonialistischer Gewalt.

DASS INSELKARTE UND INSELLAND bisweilen verschmelzen und nicht mehr voneinander zu trennen sind, zeigt die Geschichte von August Gissler, für den die Schatzkarte bei seinen jahrelangen Grabungen Ende des 19. Jahrhunderts auf der → **Kokos-Insel (238)** irgendwann zum Ersatz für das gesuchte Gold wurde. Das Versprechen der Karte war am Ende mehr wert als der nicht auffindbare Schatz. Eine selbst gezeichnete Inselkarte war es auch, die Robert Louis Stevenson zu seinem Abenteuerroman anregte: *Die Gestalt dieser Insel befruchtete meine Phantasie außerordentlich. Da waren Hafenplätze, die mich entzückten wie Sonette, und im Bewußtsein einer Schicksalsbestimmung nannte ich mein Erzeugnis: ›Die Schatzinsel‹.* // Ein anderer Romantitel schrieb sich nicht nur gattungsbezeichnend in die Literaturlexika, sondern auch in die Atlanten. Eine Insel des chilenischen Juan-Fernández-Archipels wurde 1970 umbenannt, um Touristen anzulocken. Auf dieser ehemals Más a tierra – ›näher zum Land gelegen‹ – genannten Insel hatte Alexander Selkirk *avant la lettre* seine Robinsonade erlebt. Heute trägt dieses Eiland nun allerdings nicht seinen Namen, sondern den seines literarischen Wiedergängers: Isla → **Robinsón Crusoe (146)**. Um die Verwirrung komplett zu machen, heißt nun aber die 160 Kilometer weiter westlich gelegene, ehemals Más Afuera – ›weiter draußen gelegen‹ – genannte Insel Isla Alejandro Selkirk, obwohl dieser niemals dort gewesen ist. // In den Karten ist jener quälend monotone Horizont überwunden, der auf Inseln tagein, tagaus das Blickfeld trennt und auf dem sich in der Ferne vielleicht ganz schwach – als überraschender *Deus ex machina* – das ersehnte Schiff abzeichnet, das Nahrung bringt oder die Heimkehr verspricht. // Und in den geografischen Namen lässt sich Rache an dem entdeckten Land nehmen, das die Erwartungen nicht erfüllt. So nennen 1521 Ferdinand Magellan und 1765 John Byron einige Atolle der Tuamotu-Inseln *Inseln der Enttäuschung*. Ersterer, weil er auf den trockenen Eilanden weder das bitter benötigte Trinkwasser noch Essbares fand, Letzterer, weil ihm die Einwohner der mittlerweile besiedelten Inseln unerwartet feindlich gesinnt waren. Viele Namen muten mythisch und märchenhaft an. Auf der → **Possession-Insel** (108) verläuft der Fluss Styx, und die Hauptstadt von → **Tristan da Cunha** (86) heißt Edinburgh of the Seven Seas, wenngleich die Einheimischen den Ort nur The Settlement – ›die Siedlung‹ – nennen; wie auch sonst, ist es doch die einzige im Umkreis von 2400 Kilometern? // Vor allem spiegeln die geografischen Namen die Wünsche und Sehnsüchte der Einwohner und auch der Bewohner wider, wie ich in diesem Atlas alle diejenigen nenne, die nur zeitweilig auf der abgelegenen Insel leben. Bei den Stationierten von → **Amsterdam** (116) heißt ein Kap ›Jungfrau‹, zwei Vulkane ›Brüste‹, und ein dritter Krater trägt ganz offiziell die Bezeichnung ›Venus‹. Hier wird die Insellandschaft endgültig zum Pin-up und erotischen Ersatz. Die Insel scheint ein Ort zu sein, der zugleich Wirklichkeit und seine eigene Metapher ist.

DIE KARTOGRAFIE sollte endlich zu den poetischen Gattungen und der Atlas selbst zur schönen Literatur gezählt werden, schließlich wird er seiner ursprünglichen Bezeichnung *Theatrum orbis terrarum* – ›Theater der Welt‹ – mehr als gerecht. // Das Konsultieren von Karten kann zwar das Fernweh, das es verursacht, mildern, sogar das Reisen ersetzen, ist aber zugleich weit mehr als eine ästhetische Ersatzbefriedigung. Wer den Atlas aufschlägt, begnügt sich nicht mit dem Aufsuchen einzelner exotischer Orte, sondern will maßlos alles auf einmal – die ganze Welt. Die Sehnsucht wird immer groß sein, größer als die Befriedigung durch das Erreichen des Ersehnten. Ich würde einen Atlas heute noch jedem Reiseführer vorziehen.

ARKTISCHER OZEAN

Bäreninsel

Rudolf-Inse

insamkeit

44 *Arktischer Ozean | Karasee*

77° 29' N
82° 30' O

Einsamkeit

(Russland)

NORWEGISCH *Ensomheden*

RUSSISCH *Ostrow Ujedinenija* [›Zurückgezogenheitsinsel‹]

20 km² | unbewohnt

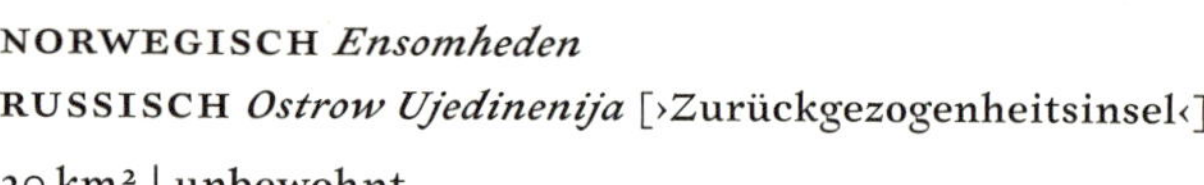

300 km
--/ /→ Sewernaja Semlja

330 km
--/-/→ Novaja Semlja

660 km
--/--/-/→ Rudolf-Insel (52)

Anfang 1930er Jahre Fund eines Plesiosaurier-Halswirbels

1500 1600 1700 1800 1900 2000

26. Aug. 1878 entdeckt von Edvard Holm Johannesen

0 1 2 3 4 5 km

Einsamkeit

DIE EINSAMKEIT liegt im Nordpolarmeer – mitten in der Karasee. Diese Insel macht ihrem Namen alle Ehre: Öde und kalt ist sie, im Winter vom Packeis eingepfercht; bei 16 Grad minus liegt die Temperatur im Jahresdurchschnitt, im hohen Sommer steigt sie auch mal knapp über null. // Hier wohnt niemand. Eine alte Station liegt im Schnee versunken, verlassene Gebäude schlafen im Bauch der Bucht, mit Blick auf die zarte Nehrung hinterm gefrorenen Moor. // Der Halswirbel eines urzeitlichen Drachen wird gefunden. Ein paar Jahre später feuert ein Unterseeboot der deutschen Kriegsmarine Granaten auf die Wetterstation, zerstört die Baracken, tötet die Besatzung – das *Unternehmen Wunderland* schießt auf die Einsamkeit: eine der letzten Aktionen dieses Kommandos. // Als eine der größten Polarstationen der sowjetischen Union wird sie im Kalten Krieg wiederaufgebaut. Vergessen ist der Taufname, den der Kapitän aus Tromsø diesem Flecken gab – aus der Insel der Einsamkeit wird im Russischen die Insel der Zurückgezogenheit. Ihr Besucher ist jetzt kein Gefangener mehr, sondern ein Eremit, der schweigend seine Eiswüstenjahre absitzt, bis er als Heiliger aufs Festland zurückkehren kann. // Der übrig gebliebene Proviant liegt tiefgefroren in der grünen Holzbaracke, vereist, wie die Geräte zum Messen des Luftdrucks, der Temperaturen, der Windrichtung, der Himmelsstrahlung und Wolkenhöhe. Der Auffangtrichter für den Niederschlag ist unter dem Schnee begraben. An der Wand mit Palmenmuster hängt ein Bild des kinnbärtigen Lenin. Im Logbuch sind die Wartungsarbeiten des Chefmechanikers akkurat vermerkt, der Öl- und Benzinstand der einzelnen Maschinen. // Der letzte Eintrag aber hält sich nicht an die Spalten, mit rotem Filzstift steht da: *23. November 1996. Heute kam der Befehl zur Evakuierung. Wasser abgelassen, Dieselgenerator abgestellt. Die Station ist …* Das letzte Wort ist nicht zu entziffern. Willkommen in der Einsamkeit.

74° 26' N
19° 03' O

Bäreninsel

Spitzbergen (Norwegen)

NORWEGISCH *Bjørnøya*

178 km² | 9 Bewohner

220 km
--/→ Spitzbergen

390 km
--/-/→ Norwegen

1000 *2160 km*
--/--/--/--/--/--/--/--/--/-/→ St. Kilda (58)

1898 reklamiert für das Deutsche Reich von Theodor Lerner

1500 *1600* *1700* *1800* *1900* *2000*

1920 annektiert von Norwegen

10. Juni 1596 entdeckt von Willem Barents und Jacob van Heemskerk

Nordkapp
Kapp Olsen
Herwig-
hamna
Nord-
hamna
Kapp Forsberg
Kobbebukta
meteorologiske stasjon
Herwighamna
Kolbukta
Tunheim
p Dunér
app Ågot
pp Elisabeth
Kapp Levin
Skuld
454
MISERY-
FJELLET
Kapp Hanna
Urd
535
Kapp Ruth
Kapp Maria
Bogevika
Kvalross-
bukta
Kapp Kåre
Kapp Nilsson
Kapp Harry
Alfred-
fjellet
420
ANT-
ARCTIC-
FJELLET
Måkeholmen
Hambergfjellet
440
Kapp Malmgren
Evjebukta
Hornvika
Kapp Kolthoff
Stappen

0 1 2 3 4 5 km

Bäreninsel

BEI TRÜBEM WETTER, aber hohem Barometerstand erreichen sie am 30. Juni 1908 um zwei Uhr morgens den Südhafen der Bäreninsel; sieben Vogelnarren auf dem Dampfer *Strauß* mit vier Präparatoren und einem Büchsenmacher an Bord. Hans Freiherr von Berlepsch, der Erfinder des Vogelschutzes, steht an Deck. Um den Hals trägt er das Fernglas und seit Barbarossas Gnaden fünf Sittiche im Wappen. Stumm horcht er in die Nacht, lauscht dem Brutgesang jener Vögel, die er bisher nur aus Büchern kennt. // Am Morgen schießen die Herren schon vom Dampfer aus Tranvögel und Lummen, eine junge Elfenbein- sowie eine ausgewachsene Mantelmöwe. Am Strand laufen Scharen von ausgebrüteten Bürgermeistermöwen hin und her. Die Vogelfreunde greifen sich eine Handvoll Junge, noch im grauen Flaum, und nehmen sie an Bord: zwei zum Großziehen, die anderen werden getötet und abgebalgt. Auf den Brutfelsen lauern die Alken. // Jemand erlegt eine Heringsmöwe, die sich bei genauerer Betrachtung als kleine Silbermöwe entpuppt. Ein anderer überlistet einen rotkehligen Taucher. Im Landesinneren entdecken sie eine langschwanzige Raubmöwe, sogar Trauerenten auf dem Eissee. Auf dem Kiesgeröll eines kleinen Baches schießen sie ein Halsbandregenpfeiferweibchen, und ein Schneeammerpärchen umflattert sie so aufgeregt, dass es sein Nest verrät, leider noch leer. Auch ein Schmarotzerraubmöwenpaar versucht, durch Flugkunststücke von seinem Nistplatz abzulenken. Tatsächlich finden sie Eier in einer flachen Moosmulde, im olivfarbenen Tarnkleid, mit dunklen Sprenkeln. Vier volle und ein halbes Gelege sammelt der Vogelbaron und trägt sie in Taschentüchern an Bord. Die anderen Herren erspähen den ersehnten Tordalk unter abertausend Lummen. Schüsse krachen, und ein Exemplar mit vollem Prachtgefieder stürzt tot auf die Wasserfläche. Der Beweis ist erbracht, sein Vorkommen auf der Bäreninsel belegt. Die Vogelfreunde sind zufrieden. Während sie ihre Beute begutachten, verschlingt am Strand eine Versammlung von Bürgermeistermöwen die Reste eines Walfischkadavers.

52 *Arktischer Ozean*

81° 46' N
58° 56' O

Rudolf-Insel

Franz-Josef-Land (Russland)

auch *Kronprinz-Rudolph-Land*

RUSSISCH *Ostrow Rudolfa*

297 km² | unbewohnt

560 km
--/--//→ Sewernaja Semlja

590 km
--/--/-/→ Spitzbergen

1170 km
--/--/--/--/-/→ Bäreninsel (48)

1500 *1600* *1700* *1800* *1900* *2000*

Apr. 1874 entdeckt von Julius Payer und Carl Weyprecht während der Österreich-Ungarischen Nordpolexpedition

Mys Fligeli
272
191
Mys
ermanija
170
297
378
118
461
HTA
EPLIZ
LEDNIK MIDDENDORFA
226
Mys
Gabermana
394
s
ık
Mys
Brorok
PROLIW NEJMAJERA
29
OSTROWA
OKTJABRJATA
Mys
Schrjottera
137
OSTROW GOGENLOE
0 1 2 3 4 5 km

Rudolf-Insel

DIE SCHLITTENFAHRT geht bei 50 Kältegraden nach Norden. Mit 30 Pfund Bärenfleisch auf dem Weg zum nächsten Breitengrad. Die blutigen Pfoten der Schlittenhunde färben den Schnee. Gleißende Eisbergleiber knacken in der Sonne. Die Natur ist karg, nackt und genauso weiß wie auf der Landkarte. Sie sind rar geworden, die leeren Flecken; die letzten warten an den Rändern der Kugel auf ihre Beschriftung: das Niemandsland mit dem Ort ohne Himmelsrichtung. Der stumme Punkt, den einzig der Kompass bestimmt, ist unerreicht, das polare Rätsel noch ungelöst: der Traum von einem offenen Meer, vom Golfstrom erwärmt, der schiffbaren Passage, dem weißen Weg nach Indien. // Sie lassen den Schlitten zurück, schlafen in Gletscherspalten und gehen zu Fuß weiter nordwärts, vorneweg Oberleutnant Julius Payer, Erstbesteiger von über 30 Alpenspitzen und bei dieser Expedition der Kommandant zu Lande. Aber das hier ist kein Land. Es ist eine weitere Insel, auch wenn er ihr einen Ländernamen gibt, wie dem gesamten neu entdeckten Archipel. Nie ist er um einen Namen verlegen, unermüdlich benennt er Inseln, Gletscher und Küstenvorsprünge nach Geburtsorten seiner Jugendlieben, nach Gönnern, Kollegen, Erzherzogen und dem Sissi-Sohn; er trägt die Heimat ins Eis: den Namen des Landesvaters, in Vaterlands Namen. // Der Kompass meldet das Überschreiten des 82. Grads nördlicher Breite, eine weitere unsichtbare Linie im Schnee, die der Oberleutnant in seine stumme Karte überträgt. Am Abend erreichen sie den Rand des Kronprinzenlands. Vor ihnen liegt kein schiffbares Meer, nur eine riesige offene Stelle, von altem Eis umsäumt. Am Horizont schimmern Wolkengebirge. // Ein letztes Mal zeichnet der Oberleutnant lose Linien aufs Papier: Kap Felder, Kap Sherard-Osborn und die Südspitze des Petermann-Landes. Sie rammen die Flagge Österreich-Ungarns in das Gestein, versenken die Flaschenpost in ein Felsenriff, gefrorene Worte, eine Nachricht für zukünftige Zeugen: *Kap Fligely, 12. April 1874. 82 Grad, 5', nördlichster Punkt. Bis hierhin und nicht weiter.*

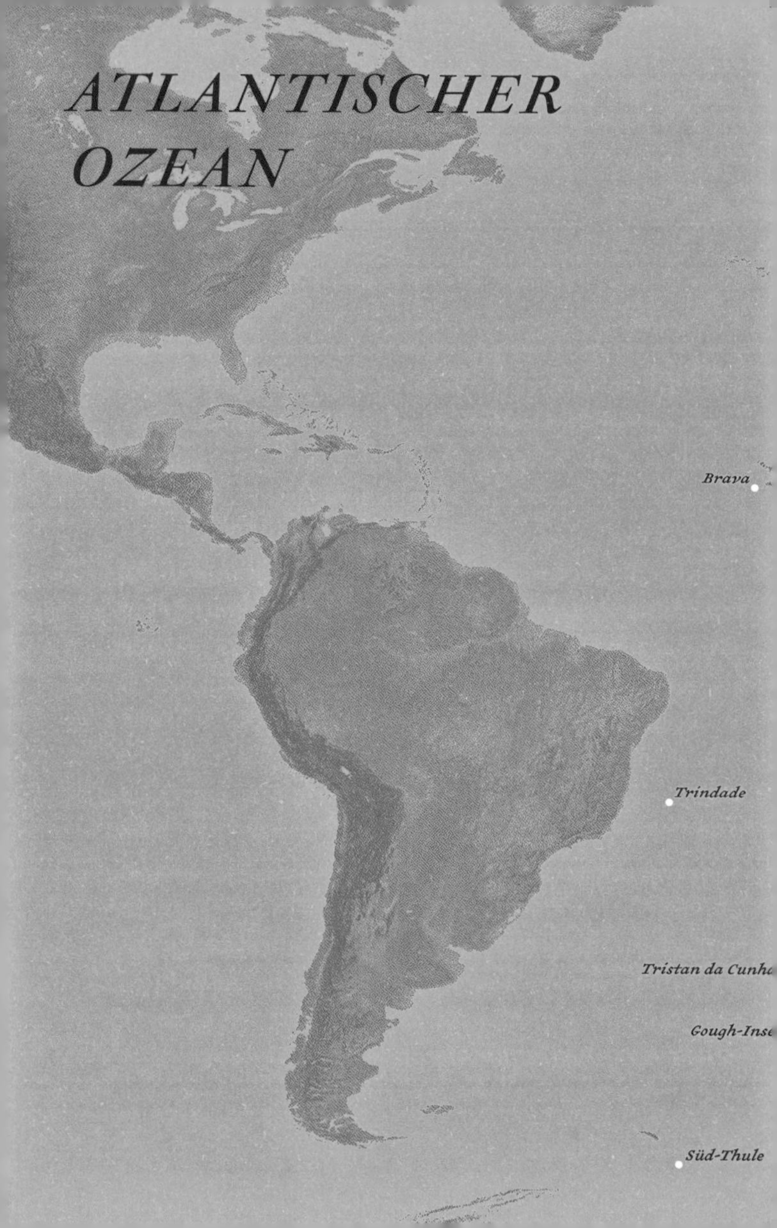

ATLANTISCHER OZEAN

Brava

Trindade

Tristan da Cunh

Gough-Ins

Süd-Thule

St. Kilda
Annobón
mmelfahrtsinsel
St. Helena
Bouvetinsel

58 *Atlantischer Ozean*

57° 49' N
8° 35' W

St. Kilda

(Vereinigtes Königreich)

ENGLISCH *St Kilda*

GÄLISCH *Hiort* oder *Hirta*

8,5 km² | unbewohnt

60 km
/→ Äußere Hebriden

160 km
-/→ Schottisches Festland

1000 *2000* *3000* *4940 km*
--/…/→ Brava (66)

1850er Jahre Emigrationswelle nach Australien

1500 *1600* *1700* *1800* *1900* *2000*

1826/27 Pockenepidemie

1930 Evakuierung

1891 letzter Fall von Neugeborenentetanus

Stac an Armin

Mullach an Eilein

379

Stac Lee

BORERAY

Am Plasdair

Glen Bay

SOAY

Conachair

430

Mullach Bi

355

Village Bay

HIRTA

DÙN

Gob an Dùin

Stac Levenish

0 1 2 3 4 5 km

St. Kilda

HEILIGE KILDA, DICH GIBT ES NICHT. Dein Name ist nur ein Lispeln des Vogelvolks, das auf ein paar hohen Felsen am äußersten Rand des Königreiches haust, außerhalb der Äußeren Hebriden. Die Überfahrt dorthin ist nur zu wagen, wenn der Wind von Nordosten kommt. // Das einzige Dorf besteht aus 16 Häuschen, drei Häusern und einer Kirche. Auf dem Friedhof liegt die Zukunft der Insel: Bei der Geburt sind alle Kinder wohlauf. In der vierten, fünften oder sechsten Nacht hören die meisten auf zu saugen. Am siebten Tag verkrampft der Gaumen, die Kehle schnürt sich zu, sodass nichts in ihren Hals zu kriegen ist. Die Muskeln zucken, der Kiefer hängt. Sie schauen mit harten Augen und gähnen viel, auf den geöffneten Lippen ein sardonisches Grinsen. Zwischen dem siebten und neunten Tag sterben zwei Drittel aller Neugeborenen – mehr Jungen als Mädchen. Einige schon früher, manche erst später; eins schon am vierten, eins erst am 22. Tag. // Die einen sagen, es ist die Ernährung, das ölige Fleisch des Eissturmvogels und seine nach Moschus riechenden Eier, die zwar die Haut samtig, aber die Milch der Mütter bitter machen. Die anderen meinen, es ist das Blut, geschwächt von der allzu nahen Verwandtschaft. Wieder andere meinen, dass die Kinder am Blak des Torfes ersticken, der in der Zimmermitte verbrannt wird, oder aber, es läge an dem Zink der Dächer, vielleicht auch am blassrosa Lampenöl. Die Einheimischen murmeln: Es ist die Vorhersehung des Allmächtigen. Es sind die Worte frommer Männer. Aber die Frauen … So viele Schwangerschaften – so wenig Kinder, die die Achttagekrankheit überleben. // Am 22. Juni 1876 steht eine Frau an Deck eines Schiffes, das sie nach Hause bringt. Wie alle Frauen von St. Kilda hat sie weiche Haut, rote Wangen, bemerkenswert klare Augen und Zähne wie junges Elfenbein. Gerade hat sie ein Kind zur Welt gebracht, aber nicht daheim. Der Wind weht aus Nordosten. Lange bevor man sie vom Ufer aus sehen kann, hält sie ihr Neugeborenes hoch in die salzige Luft.

7° 56' S
14° 22' W

Himmelfahrtsinsel

(Vereinigtes Königreich)

PORTUGIESISCH *Assunção*

ENGLISCH *Ascension Island*

91 km² | 1000 Bewohner

1000 *1560 km* → Elfenbeinküste

1000 *2000* *2250 km* → Brasilien

1000 *2110 km* → Trindade (78)

20. Mai 1503 (Himmelfahrt) wiederentdeckt von Afonso de Albuquerque

1960–61 Bau der Raketenüberwachungsstation

1500 *1600* *1700* *1800* *1900* *2000*

25. März 1501 entdeckt von João da Nova

15. Dez. 1899 Verlegung der ersten unterseeischen Kabel

North Point
English Bay
Porpoise Point
Broken Tooth
226
Pyramid Point
Comfortless Cove
North East Bay
Hummock Point
Cross Hill
Clarence Bay
Sisters Peak
445
Georgetown
Catherine Point
Two Boats Village
Boatswain Bird Island
Lady Hill
329
The Peak
859
White Hill
525
Main Base
GREEN MOUNTAIN
Whale Point
South East Bay
McArthur Point
Dark Slope Crater
Round Hill
Unicorn Point
Crystal Bay
Portland Point
WIDEAWA FAIR
Cocoanut Bay
Pillar Bay
Mars Bay
Gannet Bay
South Point
0 1 2 3 4 5 km

Himmelfahrtsinsel

ALLES streckt sich himmelwärts, die 44 schlafenden Krater der rostroten Aschekegel, die meterhohen Antennenbäume und die ausladenden Radarschüsseln. Sie lauschen den Kontinenten, horchen in die Welt, ins All, in den unendlichen Raum. Eine garstige Gegend aus erkalteter Lava, unwirtlich wie der Mond. Der weiß gekalkte Kirchenbau von St. Mary steht am Fuße des staubigen Kreuzhügels wie die letzte Festung Gottes nach dem Jüngsten Tag. // Auf der Himmelfahrtsinsel lebt niemand, alle arbeiten. Keiner wird bleiben dürfen. Das öde Land ist unverkäuflich. Es ist eine Arbeitsinsel für Telegrafisten und Spione und eine Zwischenstation für die Kabel, die am Boden des Atlantiks die Erdteile verbinden. Die Nasa streckt ihre Fühler aus, baut eine Beobachtungsstation für Interkontinentalraketen und verstreut gleißend weiße Parabolantennen über das Land, überdimensionierte Golfbälle, die an den Kraterrändern klemmen. // Am 22. Januar 1960 wird in Florida die *Atlas* ins All geschossen, kurz vor der Himmelfahrtsinsel tritt sie wieder in die Atmosphäre ein. Richard

Aria, ein Techniker von *Cable and Wireless,* beobachtet den Himmel über Red Hill. Nichts. Da hängt nur der Große Wagen, der hier auf dem Kopf steht. Eine halbe Stunde vergeht – immer noch nichts. Plötzlich leuchten zwei grüne Blitze auf. Das ist sie! In schillernden Farben rast die Rakete zur Erde, erhellt die ganze Insel – erst grün, dann gelb, rot, orange, dann wieder grün –, immer weiter abwärts, bis sie erlöscht: Teile des Rumpfes regnen als feuerrot glimmende Brocken nieder, und der brennende Bug verglüht gleißend mit changierenden Farben in der See, hellstes Rot, Rot, dumpfes Dunkelrot. Dann nichts als Finsternis, bis ein langes, tiefes Dröhnen aus dem Meer aufsteigt, gefolgt von einer ohrenbetäubenden Explosion und einem Donnern, mindestens anderthalb Minuten lang. Schließlich ist alles wieder still. Bis plötzlich die Stimme eines Amerikaners in die Nacht posaunt: *Euch werden wir's zeigen, ihr Russen!* Der Wettlauf in den Weltraum beginnt auf der Himmelfahrtsinsel.

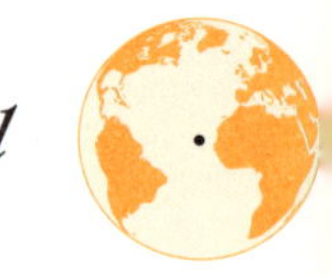

14° 51' N
24° 42' W

Brava *Inseln unter dem Wind* (Kapverdische Inseln)

PORTUGIESISCH *Brava* [›Unzähmbar‹]

64 km² | 5698 Einwohner

20 km
/→ Fogo

780 km
--/--/--//→ Dakar

1000 *2000* *2760 km*
--/--/--/--/--/--/--/--/--/--/--/--//→ Himmelfahrtsinsel (62)

1460er Jahre entdeckt von portugiesischen Seefahrern

1500 *1600* *1700* *1800* *1900* *2000*

1573 erste Besiedlung

1680 Vulkanausbruch auf der Nachbarinsel Fogo

Ilhéu de Cima
Ilhéu Grande
ILHÉUS DO ROMBO
Ponta da Vaca
Ponta do Incenso
Porto do Sorno
Ilhéu da Areia
Ponta Jalunga
Furna
Vila Nova Sintra
Santa Bárbara
Fajã d'Água
Mato Grande
N. S. do Monte
Ponta Minhoto
Ponta da Costa
Fontainhas
Campo Baixo
976
Baía do Caniço
Mamama
Ponta de Rei Fernando
831
Cachaço
673
Ponta do Tambouro
Ponta de Morea
Monte da Ponta Verde
Porto de Tantum
Ponta Façanha
Ponta do Alto
Cova de Mar
Porto de Anção
Ponta Nhõ Martinho
0 1 2 3 4 5 km

Brava

UNZÄHMBAR liegt dieses verkrampfte Herz im Windschatten des gewaltigen Feuerbergs der Nachbarinsel. Hier, am äußersten Rand des Archipels, hängen die Wolken tief, und es regnet mehr als auf den anderen Inseln, die immer wieder von Wüstenwinden verschlungen werden. Tau perlt auf den Blättern der Mandelbäume, Dattel- und Kokospalmen, auf dem Blütenmeer aus Männertreu, Rosenlorbeer und Wunderblumengewächsen. Diese Insel ist ein Herz mit Adern aus Flüssen und mit den starken Muskeln der Gebirgszüge. Schwach schlägt es den Takt der traurigen *mornas*, pocht ohne Unterlass das alte Lied in Moll, eine Klage über die Ausweglosigkeit des Lebens und das unabänderliche Schicksal, das einen fortgehen und eines Tages wiederkehren lässt. Es ist die Sehnsucht nach einem Ursprung, einem unnennbaren Moment vergangener Zeit, nach einem fernen Land, nach einer Heimat, die niemand hat. Ein Gefühl, verstreut wie diese Inseln, das Verlangen nach einem Ort, der hier und nirgends ist. Es ist der Gesang eines Landes, das keine Urbevölkerung kennt.

Alle, die hier leben, sind Nachfahren von Hängengebliebenen und Versklavten, von freiwilligen und unfreiwilligen Einwanderern, Menschen mit blauen Augen und schwarzer Haut. // In zögerndem Tempo dehnt sich die Melodie, folgt dem weit gespannten Bogen des Legato. Dazu schlägt die Gitarre im Viervierteltakt den Bass, begleitet von den gezupften Synkopen des Cavaquinho, manchmal von einer Geige unterstützt. Es sind Lieder, die in den Kneipen und Tanzhallen des Hafens wohnen: *Wer begleitete dich / Auf dieser weiten Reise? / Wer begleitete dich / Auf dieser weiten Reise? // Diese Reise / Nach São Tomé // Sodade, sodade / Sodade / Nach meinem Land São Nicolau // Wenn du mir schreibst / Werde ich dir schreiben / Wenn du mich vergisst / Werde ich dich vergessen // Sodade, sodade / Sodade / Nach meinem Land São Nicolau // Bis zu dem Tag / An dem du heimkehrst.* // Zwei Drittel dieses Volkes leben nicht im eigenen Land.

1° 26' S
5° 38' O

Annobón

(Äquatorialguinea)

PORTUGIESISCH *Ano Bom* [›Gutes Jahr‹]
FA D'AMBU *Pagalu* [›Großer Gockel‹]

17 km² | 5314 Einwohner

190 km
--/→ São Tomé

610 km
--/--/-/→ Malabo

1000 *2000* *3000* *5580 km*
--/--/--/--/--/--/--/--/--/--/--/--/--/--/--/--/…/→ Tromelin (124

1470 entdeckt von Diego Ramirez de la Diaz
1500 *1600* *1700* *1800* *1900* *2000*
…/--/…
1968 Teil Äquatorialguineas

San Antonio
de Palé

Isla Tortuga

Dyo Dyo

Pico do Fogo
435

Anganchi

Pico
Quioveo
598

Bahía
de Aual

Aual

Bahía de
A Jabal

Mábana

Punta
Olonganchi

Punta Manjob

A Dyíbó

0 1 2 3 4 5 km

Annobón

AM 26. SEPTEMBER 2003 geht 3CoV auf Sendung. Obwohl das Wetter schlecht ist und sie noch nicht einmal das unterste Frequenzband aktiviert haben, kommen sie schon auf zahlreiche Funkkontakte. Je tiefer die Frequenz, desto länger die Wellen. // Täglich stört sie das Militär, stellt Fragen und lässt sich die Papiere zeigen, obwohl sie im Vorfeld den Ministerien des Landes schriftlich auseinandergesetzt haben, dass sich Funkamateure weder für politische noch für religiöse Belange interessieren, sondern einzig und allein für die Kommunikation über Grenzen hinweg. Jeder Teilnehmer hat eine persönliche Erlaubnis des Ministers für Verkehr und Kommunikation, die Insel zwei Wochen lang zu besuchen, und vom Zoll eine spezielle, temporäre Bewilligung, genau eine Funkausrüstung ein- und wieder auszuführen. // Am 4. Oktober um 10 Uhr morgens wird die Expedition abrupt beendet. Offizielle Stellen haben angeordnet, jeglichen Sendebetrieb sofort einzustellen und die Antennen einzufahren. Den Amateuren werden drei Stunden gegeben, die Station abzubauen; noch am selben Tag werden sie mit einem russischen Frachtflugzeug in die Hauptstadt Malabo geflogen. Große Teile des Fotomaterials können sie nicht retten, und die Telefongespräche mit Angehörigen werden immer wieder unterbrochen. // DJ9ZB und EA5FO wird zwei Tage später erlaubt, das Land zu verlassen. EA5BYP und EA5YN werden festgehalten. Am 10. Oktober dürfen schließlich auch sie nach Hause: *Wir bedauern zutiefst, dass wir die Ziele der Expedition nicht erfüllen konnten, und sind sehr dankbar für die Hilfe, die uns Vereine, Klubs und Einzelpersonen haben zukommen lassen, und auch für die Freundlichkeit und Freundschaft der Einwohner von Annobón. Wir können leider keine weiteren Einzelheiten über die Geschehnisse bekannt geben, da wir uns die Möglichkeit zukünftiger Expeditionen offenhalten wollen. Wir bitten um Verständnis für die schwierige und heikle Situation, in die wir geraten sind. Trotz allem geben wir die Hoffnung nicht auf, 3C0V wieder in Betrieb zu nehmen, sobald sich die Umstände verbessert haben.* Roger, over and out.

74 *Atlantischer Ozean*

15° 57' S
5° 42' W

St. Helena

(Vereinigtes Königreich)

ENGLISCH *Saint Helena*

122 km² | 4439 Ein- und Bewohner

1000 — *1850 km* → Angola

1000 — 2000 — 3000 — *3290 km* → Brasilien

1000 — *2010 km* → Annobón (70)

1500 — 1600 — 1700 — 1800 — 1900 — 2000

21. Mai 1502 entdeckt von João da Nova

15. Okt. 1815 Ankunft Napoleons

5. Mai 1821 Tod Napoleons

Sugar Loaf Point
Buttermilk Point
FLAGSTAFF BAY
Barn Long Point
Flagstaff
688
618
The Barn
Jamestown
DEADWOOD PLAIN
TURK'S CAP VALLEY
Black Point
Prosperous Bay
Half Tree Hollow
Lemon Valley Bay
The Briars
406
Horse Point
Long Ledge
DONKEY PLAIN
Longwood
Horse Pasture Point
HORSE PASTURE
Glencot
Dry Gut Bay
PROSPEROUS BAY PLAIN
Egg Island
Mount Actæon
820
Great Stone Top
494
Gill Point
Stone Top Bay
George Island
Thompson's Bay
707
High Hill
798
High Peak
White Hill
543
Long Range
588
HORSE RIDGE
South West Point
White Point
694
691
Deep Valley Bay
Old Joan Point
Lot's Wife
462
Powell Bay
SANDY BAY
MANATI BAY
Great Hollow
573
White Bird Island
Speery Island
Robert Rock
0 1 2 3 4 5 km

St. Helena

EINE FREGATTE *ist entschieden zu klein!*, empören sich die Bonapartisten und fordern eine ganze Flotte. Schließlich gilt es wiedergutzumachen, was bei Waterloo verloren wurde. // Nicht der alte Fährmann Charon, sondern der junge Prince de Joinville hat das Kommando über diese Mission. Den Trauerzug bilden ein königlicher Kommissar, ein Priester, ein Arzt, ein Schlosser, ein Zeichner; das Ehrengeleit geben ein paar Getreue und Diener aus der Zeit der Verbannung. Allesamt fahren sie übers Meer, um den Leichnam eines Mannes zu holen, den sich Europa vom kontinentalen Leib halten wollte. Die Fregatte *Belle Poule* wurde eigens für die Fahrt zur Toteninsel schwarz angemalt. // An Inseln ist er immer gescheitert. Keine große Seeschlacht hat er gewonnen. Perfides Albion! Nicht die Freiheit fehlte ihm auf diesem Eiland, sondern die Macht, die Aussicht auf ein Comeback auf die Bühnen der Welt. Von einem Regiment bewacht, hauste er auf einem windigen Hochplateau im Kreise seiner treuen Verräter. Er konnte nur Märtyrer werden und scharte Jünger um sich, die ihm Evangelien schrieben, spielte den Prometheus am geschwärzten Felsen und lauschte dem Echo seiner zur Geschichte geronnenen Vergangenheit. // Um Punkt Mitternacht brechen britische Soldaten das Eisengitter und die drei Platten aus der Erde. Im Licht der Fackeln bergen sie die vier ineinandergeschachtelten Särge aus Mahagoni, Blei, Ebenholz und Zinn. Behutsam öffnen sie den letzten, und der Doktor hebt das weiße Leinentuch. Da liegt er in der Uniform seiner Gardejäger, mit Orden an der Brust und dem Hut auf den Schenkeln, als ob er schläft: ruhig und gelassen, mit deformierter Nase, blauem Bart und langen, sehr weißen Fingernägeln. Ein vertrockneter, mumifizierter Leib. Die Störer der Totenruhe sind geschockt, die Getreuen weinen. // 43 Männer schleppen den Sarkophag in strömendem Regen zur Straße, wo er auf einen Wagen gehievt wird, bedeckt von einem violetten Bahrtuch, mit goldenen Bienen und versalem N bestickt. // Drei Tage später, am 18. Oktober 1840, wird der Anker gelichtet. Der Kaiser kehrt heim.

20° 30' S
29° 20' W

Trindade *Trindade und Martim Vaz* (Brasilien)

PORTUGIESISCH *Ilha da Trindade* [›Dreifaltigkeitsinsel‹]

10 km² | 32 Bewohner

1140 km → Vitória

1450 km → Rio de Janeiro

2540 km → St. Helena (74)

1890–96 von Großbritannien besetzt

18. Mai 1502 entdeckt von Vasco da Gama

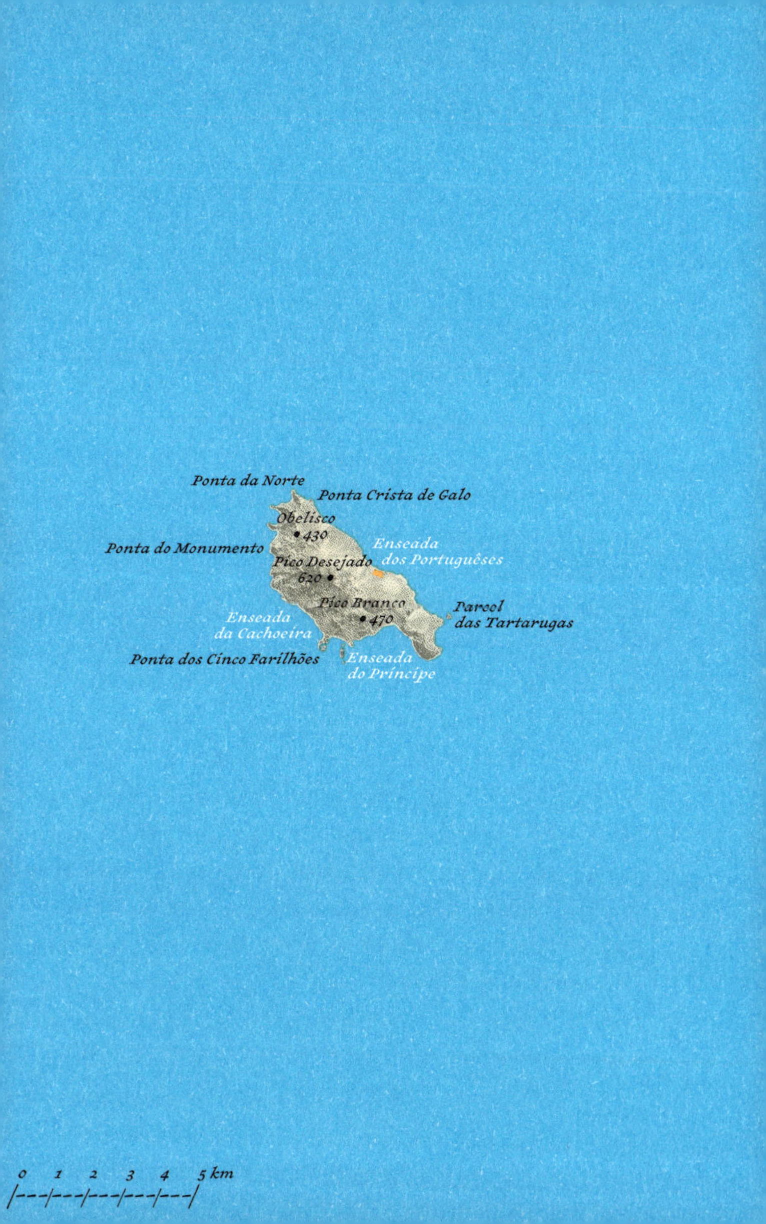

Ponta da Norte
Ponta Crista de Galo
Obelisco
430
Ponta do Monumento
Enseada
dos Portuguêses
Pico Desejado
620
Pico Branco
470
Parcel
das Tartarugas
Enseada
da Cachoeira
Ponta dos Cinco Farilhões
Enseada
do Príncipe

0 1 2 3 4 5 km

Trindade

DIESER Flecken ist ein topografisches Desaster. Alles ist in größter Willkür in den Ozean geworfen, zerfurcht, abschüssig und abweisend. Immer wieder kommt es vor, dass jemand auf einem Spaziergang spurlos verschwindet, von meterhohen Wellen weggespült, von einem Erdrutsch verschüttet oder von einem Krater verschlungen wird. Auf dem Friedhof erinnern Kreuze ohne Gräber an die Verschwundenen. Dieser Ort ist nicht für Menschen gemacht. // Am Mittag des 6. Januar 1958, kurz bevor das Forschungsschiff *Almirante Saldanha* den Anker lichtet, will Almiro Barauna, einer der Zivilisten an Bord, noch einige Landschaftsaufnahmen von der Südküste Trindades machen, als um 15 Minuten nach zwölf Uhr ein hell leuchtendes Objekt am Himmel auftaucht, das sich der Insel nähert und auf das Kap Crista de Galo zusteuert, in fledermausartigem, wellenförmigem Flug. // Der fliegende Diskus glänzt metallisch und ist von einem grünlich phosphoreszierenden Nebeldunst umwölkt. Völlig aufgebracht zeigen die Offiziere und Matrosen an Deck auf den gleißenden Punkt. 30 Sekunden vergehen, ehe Barauna endlich die Kamera nimmt, durch den Sucher schaut und zweimal abdrückt; dann taucht das Objekt hinter dem Gipfel des Desejado ab. Ein paar Sekunden später ist der Flugkörper, der offenbar eine Schleife geflogen ist, wieder zu sehen. Er scheint näher und größer als zuvor. Auf der Kommandobrücke herrscht Tumult, Barauna stolpert in der Menge, aber er macht vier weitere Fotos, ehe das unheimliche Flugobjekt etwa zehn Sekunden später in einer fernen Wolkenbank verschwindet, diesmal für immer. // Baraunas Aufnahmen sind überbelichtet. Vier der sechs Bilder zeigen das unbekannte Objekt in verschiedenen Flugpositionen. Mit dem Ring in seiner Mitte sieht es aus wie ein platt gedrückter Saturn. Zwei Fotos, die Barauna durch das Gerangel an Bord missglückt sind, zeigen nichts als die schiefe Reling, das Wasser und das dunkle Gestein der Küste, die sich mit starren Zacken steil aus dem Meer streckt, fremd und finster, wie aus einer anderen Welt.

54° 25' S
3° 21' O

Bouvetinsel

(Norwegen)

NORWEGISCH *Bouvetøya*

ENGLISCH veraltet *Lindsay* oder *Liverpool Island*

49 km² | unbewohnt

1000 *1700 km*
--/--/--/--/--/--/--/--/→ Antarktis

1000 *2000* *2510 km*
--/--/--/--/--/--/--/--/--/--/--/--//→ Kap der Guten Hoffnung

1000 *1910 km*
--/--/--/--/--/--/--/--/-/→ Tristan da Cunha (86)

1. Jan. 1739 gesichtet von Jean-Baptiste Charles Bouvet de Lozier

27. Feb. 1930 annektiert von Norweg

1500 *1600* *1700* *1800* *1900* *2000*

10. Dez. 1825 betreten von George Norris

Kapp Valdivia
Kapp
Circoncision
VICTORIATERRASSE
Olavtoppen
780
Kapp Lollo
WILHELMPLATÅET
SLAKHALLET
ESMARCHKYSTEN
Kapp Meteor
766
Lykke
toppen
Kapp Norvegia
VOGTKYSTEN
Kapp Fie
Larsøya
Catoodden

0 1 2 3 4 5 km

Bouvetinsel

SÜDLICH VOM KAPLAND dehnt sich ein weites Meer, ozeanografisch noch unerforscht. Gleich hinter der Agulhas-Bank brechen alle Lotungen ab. Mit weißem Tropenanstrich steuert die *Valdivia* nach Süden, nimmt einen Kurs, den seit mehr als 50 Jahren kein Schiff wählte. Auf den britischen Seekarten ist es eine unbeschriebene Fläche, mit nur einer einzigen unsicheren Angabe: ein kleiner Archipel unterhalb des 54. Breitengrades, von Bouvet gesichtet, der es für ein Kap des Südkontinents hielt. Weder Cook noch Ross, noch Moore fanden es wieder. Nur zwei Kapitäne von Walfischfängern haben die Inseln gesehen, doch ihre Positionen abweichend bestimmt. // Das Barometer fällt, der Wind erhebt sich zu schwerem Sturm, zehn Beaufort stark, und zwingt sie, beizudrehen. Der Himmel verdunkelt sich, und Sturmvögel ziehen auf, die ersten aschgrauen Albatrosse mit geschwärzten Köpfen und weiß geränderten Augenlidern, Vampire, die in gespenstisch ruhigen Kurven um das schwer arbeitende Schiff kreisen. Mehrmals packt die Dünung den Dampfer, schleudert ihn zur

Seite, sodass in den Laboratorien die Glaskolben aus den Gestellen fallen. Regelmäßig dröhnt die Dampfpfeife, und die Eisberge, die sich im Nebel verstecken, antworten ihr helles Echo. Endlich erreicht die *Valdivia* die Region, in der die Admiralitätskarten drei Inseln verzeichnen: Bouvet, Lindsay, Liverpool. Tatsächlich ergeben Lotungen einen unterseeischen Rücken, und die Sonne formt am Horizont aus Wolkenwänden täuschend echtes Land. Von den Inseln fehlt jede Spur. // Am Mittag des 25. November 1898 kommt der erste große, majestätisch glänzende Eisberg in Sicht. 30 Minuten nach drei Uhr schreit der Erste Offizier: *Die Bouvets liegen vor uns!* Doch was erst in verschwommenen, bald in deutlich hervortretenden Umrissen nur sieben Seemeilen rechts vor ihnen liegt, ist keine Inselgruppe, sondern ein einziges steiles Eiland in wilder Pracht, mit schroffen Eismauern und bis zum Meeresspiegel abfallenden Gletschern, ein gewaltiges Feld aus Firn. Das ist sie, die Bouvetinsel, von drei Expeditionen vergeblich gesucht, seit 75 Jahren verschollen.

86 *Atlantischer Ozean*

37° 6' S 12° 17' W Tristan da Cunha

(Vereinigtes Königreich)

104 km² | 248 Ein- und Bewohner

1000 *2000* *2770 km*

--/--/--/--/--/--/--/--/--/--/--/--/--//→ Kap der Guten Hoffnung

1000 *2000* *3000* *3340 km*

--/--/--/--/--/--/--/--/--/--/--/--/--/--/--/-/→ Rio de Janeiro

410 km

--/--/→ Gough-Insel (94)

1961–63 Evakuierung wegen eines Vulkanausbruchs

1500 *1600* *1700* *1800* *1900* *2000*

…/--/…

1506 entdeckt von Tristão da Cunha

7. Nov. 1817 William Glass unterzeichnet die Grundsätze des Zusammenleben

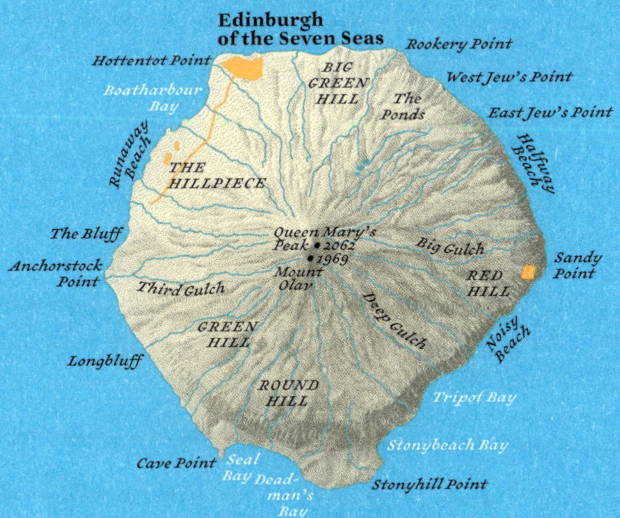

Edinburgh of the Seven Seas
Rookery Point
Hottentot Point
Boatharbour Bay
BIG GREEN HILL
West Jew's Point
The Ponds
East Jew's Point
Runaway Beach
Halfway Beach
THE HILLPIECE
The Bluff
Queen Mary's Peak 2062
1969
Mount Olav
Big Gulch
Anchorstock Point
Sandy Point
RED HILL
Third Gulch
Deep Gulch
GREEN HILL
Noisy Beach
Longbluff
ROUND HILL
Tripot Bay
Stonybeach Bay
Cave Point
Seal Bay
Dead-man's Bay
Stonyhill Point
0 1 2 3 4 5 km

Tristan da Cunha

WAS BRAUCHT ES, um eine ideale Gesellschaft zu begründen? Ein paar Menschen – der Einfachheit halber Männer – und eine herrenlose Insel, fern aller Landmassen, außerhalb der Zeit: windgepeitschte Vulkanfelsen, kahlgraue Klippen, schwarze Strände, eine Landschaft wie geträumt. Es ist wahrlich ein Nicht-Ort, an dem drei Männer – Überbleibsel einer britisch-südafrikanischen Garnison – sich an einem Novembertag im Jahr 1817 auf wenige Grundregeln verständigen. *Die Firma* nennen sie ihr Unternehmen, doch was sie vereinbaren, grenzt an Utopie, das Modell einer besseren Welt – ganz ohne Theorie. Das Gesetz dieses Landes ist so einfach wie kühn: Alle sind gleich und teilen alles, Vieh und Vorräte, Gewinne wie Kosten, Arbeit und Mühen, *sofern es keine Krankheit verhindert.* Über die Gleichheit wacht William Glass, ein schottischer Korporal der Königlichen Artillerie, der Einzige mit Frau – einer blutjungen Kapkreolin – und einer Schar Kinder. // Rasch wächst die Gemeinschaft. Schiffbrüche liefern neue Seelen, willige Neubürger eines bald sagenumwobenen Reichs.

Die Gescheiterten sind noch immer die besten Utopisten: desertierte Soldaten und entlaufene Dienstmädchen, Walfänger aus Nantucket, heiratswillige Frauen aus St. Helena, Glücksritter und Vagabunden aller Art. Wer hier strandet und bleiben will, erzählt sein Leben abends im Widerschein des Kaminfeuers, als sei es die Geschichte eines Fremden: als Pferdeführer im Hottentottenkorps oder als Harpunier auf einem Walfangschiff. Nur die Frauen haben alle Hände voll zu tun mit dem Kochen und den Kindern, eins nur ein Jahr älter als das andere, alle strotzend vor Gesundheit, dank der eintönigen Kost aus gekochten Kartoffeln und Fisch. Sogar das Geschäft floriert. Schließlich ist dies der einzige Ort im Südatlantik, an dem sich Schiffe mit frischem Wasser, Gemüse und Fleisch versorgen können. Es ist ein bescheidenes Paradies mit Tauschhandel und Kartoffeln als Währung. // Dem Gesetz wird bald ein weiterer Passus hinzugefügt: *Niemand soll andere ständig an ihre Pflicht erinnern, da in einem solchen Fall nichts als Uneinigkeit die Folge sein wird.*

59° 27' S
27° 18' W

Süd-Thule *Südl. Sandwichinseln* (Vereinigtes Königreich)

ENGLISCH *Southern Thule*

36 km² | unbewohnt

740 km → Südgeorgien

1400 km → Antarktis

960 km → Laurie-Insel (256)

1500 *1600* *1700* *1800* *1900* *2000*

31. Jan. 1775 entdeckt von James Cook

1976–82 von Argentinien besetzt

Salamander
Point
BELLINGSHAUSEN
ISLAND
255
Basilisk
Peak
Beach Point
Tilbrook
Point
rell
nt
THULE
ISLAND
(Morrell
Island)
Mount
Larsen
710
Mount Harmer
1115
Resolution
Point
DOUGLAS STRAIT
Reef
Point
COOK ISLAND
Twitcher
Rock
Ferguson
Bay

0 1 2 3 4 5 km

Süd-Thule

WO THULE LIEGT? Am äußersten aller Ränder. Am polaren Kreis. Kurz vor dem mit Brettern vernagelten Ende der Erde: der letzte Posten der bekannten Welt, eine Insel im hohen Norden, wo die See so finster und ungestüm ist, dass niemand dorthin fahren möchte, eine Tagesreise vom geronnenen Meer entfernt. // Nach Süden geht Commander Cooks zweite Reise. Er soll endlich die *Terra australis* finden, den mächtigen Kontinent, der sich auf den Weltkarten unermesslich weit erstreckt, eine riesige Landmasse in gemäßigtem Klima, reich an Bodenschätzen und zivilisierten Menschen: weltberühmt, doch incognita. // Im Januar 1775 fährt seine *Resolution* ein viertes Mal ins südliche Eismeer. Doch erneut zwingen sie gewaltige Schollenfelder und lose Eistrümmer zur Umkehr, und alle an Bord sind froh, als sie wenige Meilen jenseits des 60. südlichen Breitengrades wieder nach Norden steuern. Die Matrosen haben genug von dem nassen Nebelwetter und der bitteren Kälte, von den Arbeiten in der vereisten Takelage, von ständigen Erfrierungen und rheumatischen Schmerzen; manche fallen vor Erschöpfung in tagelang anhaltende Ohnmachten. // Plötzlich stoßen sie auf gefrorenes Land mit schwarzen Klippen, steil und voller Höhlen: in der Höhe von Seeraben bewohnt, in der Tiefe von tobenden Wellen gepeitscht. Dicke Wolken bedecken seine Berge, nur ein einziger beschneiter Gipfel ragt weit über sie hinaus, mindestens zwei Meilen hoch. Nach fünf Seemeilen liegt vor ihnen ein weiteres Gebirge, das südliche Ende dieses kargen Landes, vielleicht die nördlichste Spitze des gesuchten Kontinents, der – so viel ist nun sicher – nicht viel taugen kann, ein Festland mit Ruinen aus Firn und Eis, die niemals schmelzen: düster, kalt und schreckensvoll. Dieser Teil der Welt ist für immer zur Natur verdammt, in dichte Finsternis eingehüllt. Hier liegt das neue Thule, das andere Ende der bekannten Welt.

94 *Atlantischer Ozean*

40° 19' S
9° 57' W

Gough-Insel *Tristan da Cunha* (Vereinigtes Königreich)

PORTUGIESISCH *Gonçalo Álvares*

65 km² | 9 Bewohner

1000 *2000* *3000* *3600 km*
→ Brasilien

1000 *2000* *2600 km*
→ Südafrika

1000 *2000* *2450 km*
→ Süd-Thule (90)

Juli 2021 Kampagne zur Ausrottung der Mäu

um 1675 betreten von Anthony de la Roché

1500 *1600* *1700* *1800* *1900* *2000*

1505 gesichtet von Gonçalo Álvares

1938 annektiert von Großbritan

um 1810 Einschleppung von Mäusen durch Walfänger

Cave Cove
Lot's Wife Cove
North East Point
Isolda Rock
Triple Peak 634
811
Tavistok Crag 640
Nigel's Cap
Battle Bay
Hawkins Bay
Penguin Islet
Tristania Rock
Expedition Peak 909
Reef Point
910
West Point
Edinburgh Peak
757
Milford Bay
False Peak
Royalist Point
Seal Bay
Quest Bay
Sea Elephant Bay
836
Mount Rowett
South Peak 760
Luff Point
Gaggins Point
Green Hill 570
Meteorological Station
Scott's Cove
Transvaal Bay
Saddle Islet
Rockhopper Point
Snug Harbour
South Point

0 1 2 3 4 5 km

Gough-Insel

SIE KOMMEN MEISTENS nachts, wenn die Elterntiere ihr Junges zurücklassen, um auf offenem Meer nach Tintenfischen, Krebsen und Krill zu tauchen. Ganz gleich, ob die Vögel am Boden brüten, im strähnigen Tussockgras nahe der Küste, unter Baumfarnen im Dickicht der Niederungen, in der hügeligen Heide, dem torfigen Moor der Hochebenen, in den Höhlen unterirdischer Lavagänge oder in den Nischen felsiger Klippen, die Täter finden ihre Nester – und die kahlen Stellen im flaumigen Kleid, am unteren Rücken, an der Hüfte, am Steiß. Sie nagen sich durch Körperwand und Bindegewebe, immer weiter, bis die Eingeweide aus der Bauchhöhle hängen, fressen das ganze Küken bei lebendigem Leib. // Zurück bleiben ausgeweidete Kadaver, nichts als Federn, Haut, Knochen und Eierschalen, von winzigen Zähnen graviert, sowie spindelförmiger Kot, der die Täter verrät: Hausmäuse. // Wo Menschen sind, da sind auch sie: anpassungsfähige Invasoren, dem Menschen so ähnlich, dass sie ihn weltweit in Laboren vertreten und ihm als blinde Passagiere überallhin folgten, selbst an diesen entlegenen Ort, wo sich die Nager von bekämpften Schädlingen zu konkurrenzlosen Räubern mauserten – dreimal so groß wie ihre Festlandsverwandten und so zahlreich und hungrig, dass sie jährlich Millionen wehrloser Küken heimsuchen. Selbst kiloschwere Albatrosnestlinge, die ausgewachsene Raubmöwen in die Flucht zu schlagen wissen, starren auf den wuseligen Feind, auf den sie nichts und niemand vorbereitet hat. Langlebig und spätreif, wie die Vögel sind, kann ihre Evolution jene der Nager niemals einholen, die auf dem besten Wege sind, eine eigene, endemische Unterart herauszubilden: unerschrocken und massig genug, sogar die Jungen der Tristanpinguine vom Südstrand zu verschlingen. // Doch ihr Erfolg ist zugleich ihr Verhängnis. Es ist ein Tag im Juli, als Hubschrauber beginnen, das zerklüftete Land mit giftigen Ködern zu bombardieren – für eine mausfreie Zukunft, zum Wohle eines der *am wenigsten gestörten Ökosysteme der Welt*. // Nur ein paar Monate später, im November, wird eine Maus entdeckt. Unwahrscheinlich, dass es die einzige bleiben wird.

INDISCHER OZEAN

Agalega

Trome

Possession-Insel

North Sentinel

Diego Garcia

Weihnachtsinsel

Südliche Keelinginseln

nsterdam

Sankt-Paul-Insel

38° 43' S
77° 31' O

Sankt-Paul-Insel (Frankreich)

FRANZÖSISCH *Île Saint-Paul*

7 km² | unbewohnt

3010 km → Antarktis

4290 km → Südafrika

2260 km → Possession-Insel (108)

19. Apr. 1618 gesichtet von Harwick Claesz van Hillegom

1559 erwähnt in einer portugiesischen Karte

24. Okt. 1892 annektiert von Frankreich

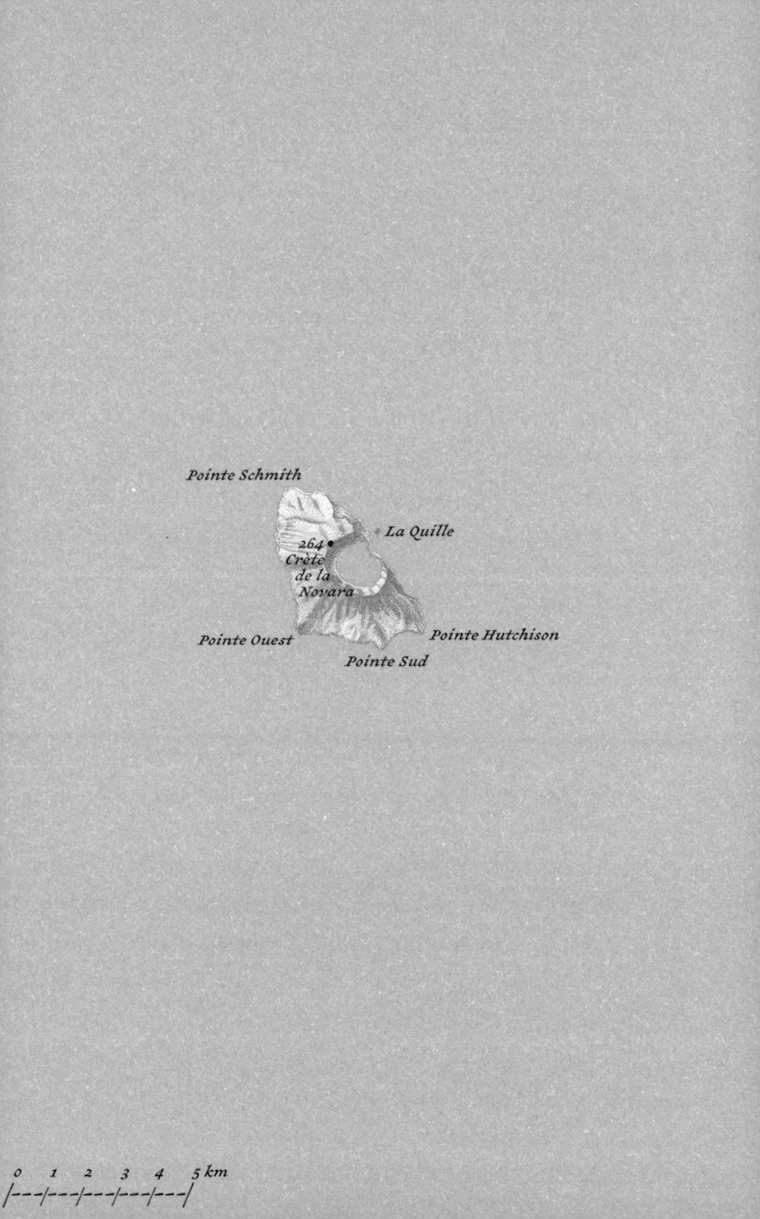

Pointe Schmith

La Quille

264

Crête de la Novara

Pointe Ouest

Pointe Hutchison

Pointe Sud

0 1 2 3 4 5 km

Sankt-Paul-Insel

AM 18. JUNI 1871 STRANDET das englische Postschiff *HMS Megaera* auf einer der natürlichen Kiesmolen am Eingang des Kraters. Die schiffbrüchige Besatzung rettet sich an Land, wo sie von zwei Franzosen begrüßt wird. Sie stammen von der Insel Bourbon und sprechen kein Wort Englisch. // Einer der beiden nennt sich *der Gouverneur.* Er ist 30 Jahre alt und hat ein lahmes Bein. Der andere, der sich als *der Untertan* vorstellt, ist fünf Jahre jünger und in einer hervorragenden körperlichen Verfassung, ein ausgezeichneter Kletterer, dem keine Felswand zu steil ist. Bereitwillig führt er die Gestrandeten über die Insel, während der Gouverneur vor einer Hütte am Kraterrand hockt. Der Untertan spricht von ihm ausnahmslos als von einem *sehr guten Menschen*. Der Gouverneur beschreibt seinen Untertanen immer nur als einen *durch und durch schlechten Menschen*. Nie haben zwei Menschen besser zueinander gepasst. Zusammen bewohnen sie eine winzige Holzhütte mit einer kleinen Bibliothek französischer Bücher. Seit einer Ewigkeit sind die beiden ein unzertrennliches Paar. Ihre

Aufgabe ist es, vier kleine Boote, die im überfluteten Kraterbecken liegen, zu bewachen und Walfänger zu registrieren – für einen Monatslohn von 10 Francs. Aber so gut wie niemand landet hier an, in einer Gegend, die für ihre grausamen Stürme und zähen Nebel gefürchtet ist. // Enten, Ratten und wilde Katzen sind die einzig essbaren Tiere, die auf dieser Insel leben; und außer einem spinatähnlichen Salat wächst hier nur Moos, Farn und trockenes Gras. Einmal im Jahr kommen große Schwärme von Pinguinen, um ihre Eier in die kargen Grasbüschel zwischen den Felsen zu legen. Die riesigen Vögel haben eine weiße Brust, einen grauen Rücken, pink leuchtende Augen und auf den Köpfen goldene Federn. Sie sind sehr zutraulich, doch ihr Fleisch ist ungenießbar. // Früher soll hier ein Mulatte mit den Franzosen gelebt haben. Es heißt, dass *der Gute und der Schlechte* ihn ermordet und verspeist haben und seine Überreste in genau jener Hütte aufbewahren, die der Gouverneur tagein, tagaus bewacht.

104 *Indischer Ozean*

12° 10' S
96° 52' O

Südl. Keelinginseln (Australien)

auch *Südliche Kokosinseln*

ENGLISCH *South Keeling Islands* und *South Cocos Islands*

13,1 km² | 544 Einwohner

1110 km → Java

1000 *2100 km* → Australien

960 km → Weihnachtsinsel (120)

1500 *1600* *1700* *1800* *1900* *2000*

1609 vermutlich entdeckt von William Keeling

1826–31 Streitigkeiten zwischen den ersten beiden Besiedlern Alexander Hare und John Clunies-Ross

1978 Australien kauft die Inseln von der Familie Clunies-Ross

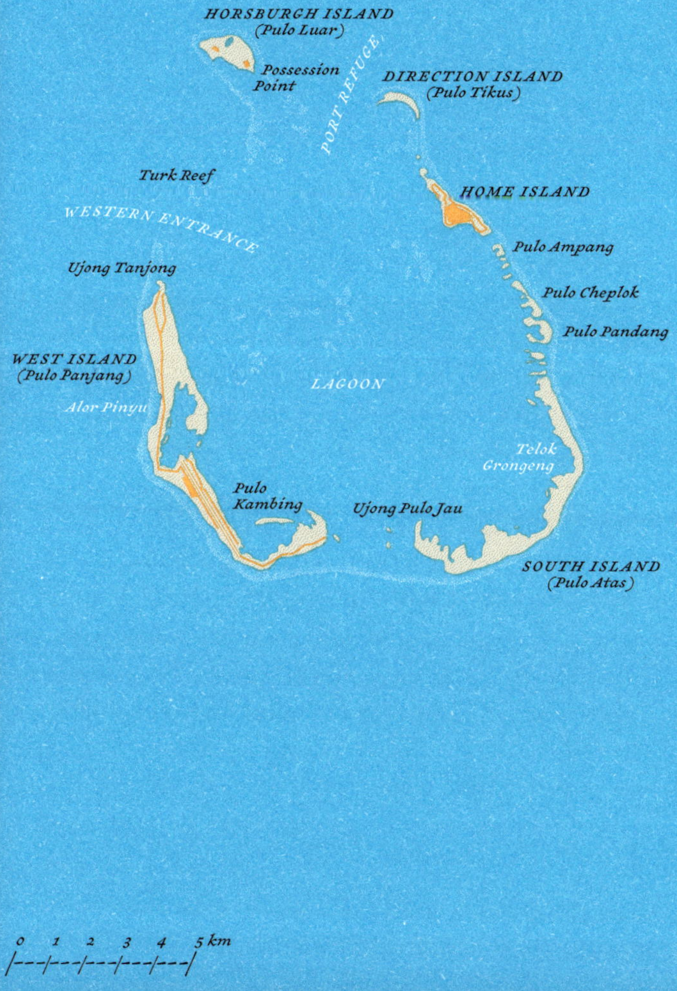

HORSBURGH ISLAND
(Pulo Luar)

Possession
Point

PORT REFUGE

DIRECTION ISLAND
(Pulo Tikus)

Turk Reef

HOME ISLAND

WESTERN ENTRANCE

Ujong Tanjong

Pulo Ampang

Pulo Cheplok

Pulo Pandang

WEST ISLAND
(Pulo Panjang)

LAGOON

Alor Pinyu

Telok
Grongeng

Pulo
Kambing

Ujong Pulo Jau

SOUTH ISLAND
(Pulo Atas)

0 1 2 3 4 5 km

Südl. Keelinginseln

ZWÖLF TAGE ANKERT die *HMS Beagle* in der Lagune, einem sanftmütigen Wasser, von schäumender Brandung umwaschen, von Riffen gerahmt. Charles Darwin wandert über die Inseln, sammelt Exemplare der Flora und Fauna, zählt die Vielfalt der Natur: 20 Arten, 19 Gattungen und 16 Familien entdeckt er bei den Pflanzen, alles Nachfahren der herrenlosen Samen, die das Meer hierher getragen hat. Das ganze Land besteht aus gerundeten Korallenstücken. Überall wimmelt es von Einsiedlerkrebsen mit Muschelschalen auf den Rücken, die sie vom benachbarten Strand gestohlen haben. // Am 4. April 1836 ist die See außergewöhnlich ruhig, sodass Darwin es wagt, über die äußere Bank aus totem Gestein zu waten, bis hinaus zu den lebenden Korallenwänden, an denen sich die Dünung des offenen Meeres bricht. Hier gedeihen zwischen den Flutgrenzen die Felder zart verästelter Korallen, unter Wasser weiche, schillernde Wesen, die – an der Luft, im Sonnenlicht – trocknen. Tag und Nacht sind die kleinen Blumentiere der unbezwingbar scheinenden Gewalt einer scharfen Brandung ausgeliefert; mit vereinter Kraft halten sie ihr stand. // Einst säumten sie den Kegel eines Vulkans und starben mit ihm, als er im Ozean versank. Alles, was von ihnen blieb, waren Skelette aus Kalk, auf denen nachfolgende Generationen von Korallen siedelten. Auf ihnen strandeten Reste des gefallenen Berges; hier sammelte sich der Sand, den der Wind herwehte. Langsam wuchs aus dem Kalk eine Insel, das unermüdliche Werk der Korallen – Erbauer und Bauwerk zugleich. So ist jedes Atoll ein Monument für ein Eiland, das untergegangen ist, ein Wunder, großartiger als die Pyramiden, geschaffen allein von diesen winzigen, zierlichen Tieren. // Als die *Beagle* die Lagune verlässt, schreibt Darwin: *Ich bin froh, dass wir diese Inseln besucht haben: Solche Formationen nehmen unter den wunderbaren Dingen dieser Welt zweifellos einen höchsten Rang ein.* Jahre später wird er zu dem Schluss kommen: *Der Baum des Lebens sollte vielleicht die Koralle des Lebens genannt werden.*

46° 24' S
51° 45' O

Possession-Insel

Crozetinseln (Frankreich)

FRANZÖSISCH *Île de la Possession* [›Besitz-Insel‹], ursprünglic *Île de la Prise de Possession* [›Insel der Inbesitznahme‹]

150 km² | 25–50 Bewohner

1000 — 2150 km → Antarktis

1000 — 2000 — 2370 km → Madagaskar

1000 — 2000 — 3000 — 3460 km → Bouvetinsel (82)

24. Jan. 1772 entdeckt von Marc-Joseph Marion du Fresne

1500 — 1600 — 1700 — 1800 — 1900 — 2000

1964 Eröffnung der Forschungsstation

Cap Vertical
Pointe Sombre
Cap de la Meurthe
Pointe Basse
769
MONTS JULES VERNE
BAIE DE LA HÉBÉ
Roche Percée
Cap de l'Antarès
BAIE AMERICAINE
Les Aiguilles
671
Moby Dick
Cap Chivaud
Mont des Cratères
848
Mont du Mischief
821
PLATEAU JEANNEL
Pointe Max Douguet
CIRQUE AUX MILLE COULEURS
Baie du Marin
Port Alfred
Pointe Lieutard
934
Pic du Mascarin
Lac Perdu
Styx
Malpassée
Pointe du Bougainville
Baie du La Pérouse
Rochers de la Fortune
Cap du Gallieni
Cap du Gauss
0 1 2 3 4 5 km

Possession-Insel

IM JAHRE 1962 benennen die Franzosen der ersten Mission das nördlichste Bergmassiv nach dem größten Wunschmaschinisten, den ihre Nation hervorgebracht hat. Nun tragen ein schroffer Höhenzug auf der Insel des Besitzes und ein Krater auf der Rückseite des Mondes den Namen Jules Vernes – zwei Pole, die er auf seinen außergewöhnlichen Reisen mühelos erreicht. Der Zukunftsnostalgiker und Vergangenheitsprophet verdichtet Vor- und Nachzeit, Nähe und Ferne zu Räumen, die in patenten Maschinen zu durchfahren sind, so gut gepolstert wie die Geschichten, die Verne erzählt. // Seine Romane ersetzen den Weltausstellungsbesuch, sind ein Naturalienkabinett möglicher Abenteuer, auf Technologiehochglanz poliert, Tagträume für den Hausgebrauch, Atlanten für Daheimgebliebene. // Seine Helden sind Jungs und Junggesellen, die den Geheimnissen der Welt mit Konversationslexikawissen beizukommen versuchen, ein Leben lang auf Reisen, Dr. Samuel Fergusson, der behauptet: *Ich verfolge nicht meinen Weg. Mein Weg verfolgt mich*, und Kapitän Nemo, der

Liebhaber des Meeres. // Sowohl die maßlose Neugier als auch das Bedürfnis nach Sicherheit wird befriedigt, bei den Reisen zum Mond, zum Mittelpunkt der Erde, in die Unterwelt. Ein paar Kilometer südlich vom Monts Jules Verne führt ein Fluss namens Styx vom Verlorenen See ins weite Meer, das sich bis zur Antarktis erstreckt. // Dieser Archipel ist abgelegen, kahl und so schwer zu erreichen, dass man meinen möchte, Schiffbruch sei der einzige Weg, hierher zu gelangen, zu den versprengten Felsen aus Basalt in der ewigen Drift der Westwinde, die die Schiffe von Afrika nach Australien schiebt und sie immer wieder an den rissigen Klippen dieser Inseln zerschellen lässt. // Aber Jules Vernes geheimnisvolle Insel liegt weit weg, irgendwo im Pazifischen Ozean – und dies hier ist kein Ort für Robinsonaden.

112 *Indischer Ozean*

7° 18' S
72° 24' O

Diego Garcia *Chagos-Archipel* (Vereinigtes Königreich)

27 km² | 3000 Bewohner

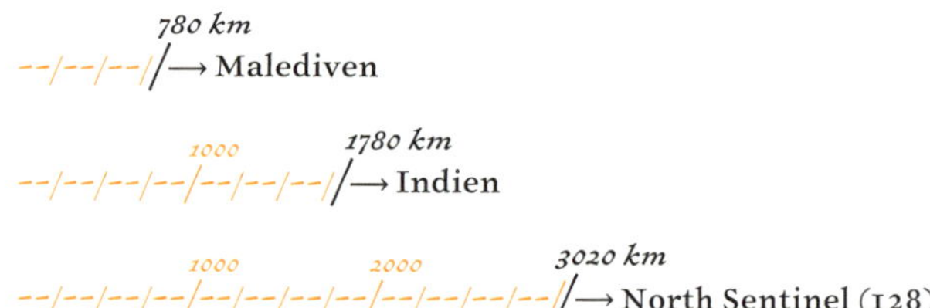

1967–73 Umsiedlung der Chagossianer

1500 1600 1700 1800 1900 2000

nach 1500 von portugiesischen Seefahrern entdeckt

seit 2000 Gerichtsstreit um das Recht auf Rückkehr

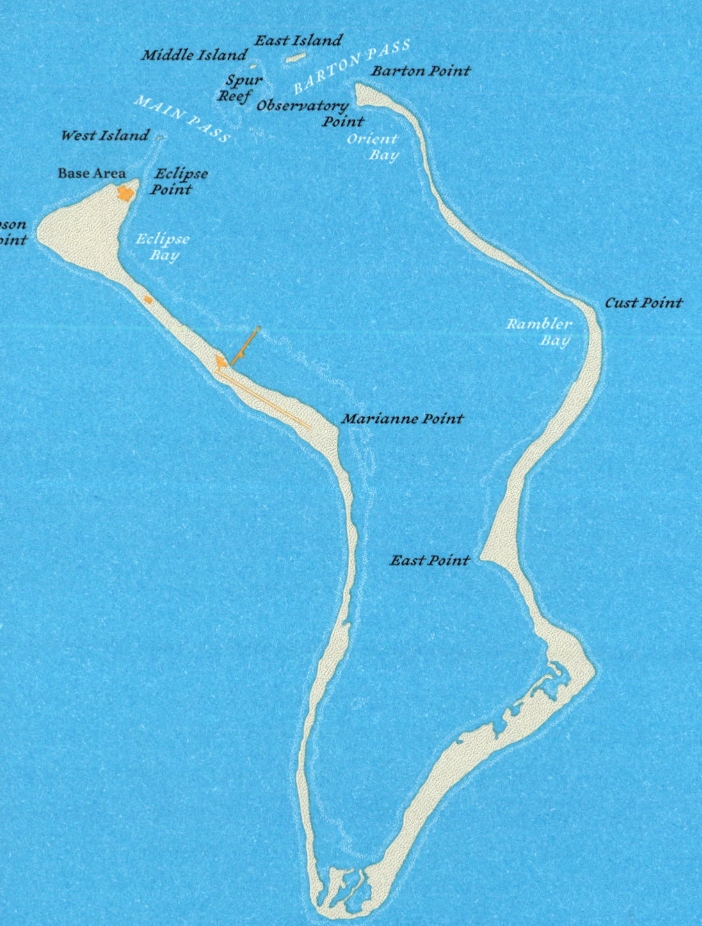
East Island
Middle Island
BARTON PASS
Barton Point
Spur
Reef
MAIN PASS
Observatory
Point
West Island
Orient
Bay
Base Area
Eclipse
Point
npson
Point
Eclipse
Bay
Cust Point
Rambler
Bay
Marianne Point
East Point
0 1 2 3 4 5 km

Diego Garcia

IN DEN SLUMS VON PORT LOUIS warten sie auf ihre Rückkehr. Die Chagossianer haben ihre Heimat verloren, vor mehr als 50 Jahren, ihr Leben in einem bescheidenen Paradies. Sie sind ein Volk, das keines sein darf, denn dann wäre das, was ihm widerfuhr, ein Unrecht, das Verbrechen eines Staates, einer Kolonialmacht, ein schmutziger Handel im glitzernden Ozean: Für drei Millionen Pfund behält die Krone den Archipel und schenkt Mauritius die Unabhängigkeit. Für einen Dollar im Jahr verpachtet sie es – zunächst auf ein halbes Jahrhundert befristet – an den größten aller Staatenbrüder. // Mitten im Indischen Ozean liegt nun eine Militärbasis. Es ist zwar die geheimste der Welt, aber sie wirbt für sich, als wäre sie ein Traumziel: *Diese spektakuläre Gegend östlich von Äquatorialafrika, die man bei einer 30-minütigen Busrundfahrt kennenlernen kann, hält einen Hauch von Abenteuerurlaub bereit. Das Meer ist immer warm. Man kann im tropischen Wind surfen, 200 Pfund schwere Speerfische angeln oder mit Tausenden von leuchtend bunten Fischen unter Was-*

ser Tourist spielen. Neben Clubs und einem Golfplatz hat die Basis eine Sporthalle zu bieten, eine Galerie, einen Laden, eine Bibliothek, ein Postamt, zwei Banken und eine Kapelle. Unser Motto ist: Eine Insel, ein Team, eine Mission. Wer spricht schon von den 500 Familien, die verschleppt und zu Gastarbeitern erklärt wurden? Stattdessen versichern britische Diplomaten: Die Inseln waren unbewohnt. // Das Atoll hat die Form zweier gespreizter Finger, ein gekrümmtes V, ein Siegeszeichen im Indischen Ozean. Aber Sieg für wen? Die Chagossianer erstreiten sich britische Pässe, den Zugang zu Gerichten und endlich auch das Recht auf Rückkehr. Es wird ihnen erneut genommen. Die Königin unterschreibt ein Abkommen, ein Relikt aus kolonialen Zeiten: Die Heimat der Chagossianer bleibt Sperrgebiet, ein Stützpunkt für Marine und Luftwaffe. Sein Name: *Camp Justice*.

37° 50' S
77° 33' O

Amsterdam (Frankreich)

FRANZÖSISCH *Île Amsterdam*,
auch *Nouvelle Amsterdam* [›Neu-Amsterdam‹]

58 km² | 25–50 Bewohner

1000 2000 3000 4000 *4290 km* → Südafrika

1000 2000 3000 *3370 km* → Australien

90 km → Sankt-Paul-Insel (100)

18. März 1522 gesichtet von Juan Sebastián de Elcano

1949 Errichtung der Wetterstation

1500 1600 1700 1800 1900 2000

Dez. 1997–Feb. 1998 Aufenthalt Alfred van Cleefs

1633 benannt von Anthonie van Diemen nach seinem Schiff *Nieuw Amsterdam*

Pointe Goodenough
Base Martin de Viviès
Pointe de la Recherche
Cratère Antonnelli
•202
Cratère Vénus
•303
Pointe de l'Eboulement
Cratère de l'Olympe
•691
Mont Fernand
•731
•742 La Grande Marmite
Fausse Pointe
•881
Mont de la Dives
Pointe de la Novara
Falaise d'Entrecasteaux
LES GRANDES RAVINES
Pointe del Cano
Pointe Vlaming
0 1 2 3 4 5 km

Amsterdam

ALFRED VAN CLEEF wollte unbedingt hierher. Auf die Insel, die den Namen seiner Geburtsstadt trägt, zu dem Ort, der seinem Gefühl entspricht. Die Überfahrt dauerte nur ein paar Wochen, das Ringen um die Genehmigung seines Besuchs acht Jahre. // Weil niemand hier siedeln darf, wechseln sich die Missionen der Forschungsstation ab. Einige der Männer bleiben nur ein paar Monate, die meisten anderthalb Jahre. // Am Strand heulen die Pelzrobbenmännchen. Die Bullen kämpfen um die Weibchen, die in ein paar Tagen eintreffen werden. Die Sieger besetzen die besten Plätze am Ufer. Ein Boot gibt es nicht. Wo sollte man damit auch hin? Dieser Ort ist ein verirrtes Stückchen Frankreich, ein Kreuz im blauen Nirgendwo auf den vielen Weltkarten, die an den Wänden kleben – neben ein paar Bildern von Albatrossen und Unmengen von Postern mit nackten Busen und entblößten Schößen. // Im Speisesaal der *Großen Raubmöwe* sagt ihm der Distriktchef nach dem Abendessen: *Es gibt keine Isolation. Auch auf Amsterdam sind wir Rädchen in einem riesigen Getriebe, auch hier emp-*

fangen wir Signale, die uns offenbaren, wer wir sind. Nach eigener Auskunft ist er Fantast, Arzt und Berufssoldat – in dieser Reihenfolge. Sein Büro ist das einzige Zimmer ohne Pin-ups an der Wand. Auf seinem Schreibtisch liegt das Personenstandsregister. Leere Spalten verraten, dass hier noch niemand geheiratet oder ein Kind geboren hat. Jedem, der länger als ein Jahr auf Amsterdam bleibt, wird vom Gesundheitsbeauftragten der Südgebiete bescheinigt, dass er diesem Ort gewachsen ist: dem lang anhaltenden Freiheitsentzug und der abgeschotteten, rein maskulinen Umgebung. Keine Frau war hier länger als zwei Tage zu Besuch. // In der Nacht treffen sich die Männer im kleinen Videosaal und schauen einen Film aus der selbst verwalteten Pornosammlung. Jeder besetzt eine Reihe ganz für sich. Aus den Lautsprechern keucht und stöhnt es. Alfred van Cleef geht hinaus. Der Himmel ist voller Sterne und die Luft schwer vom Moschusgeruch der brünstigen Bullen. Bevor er einschläft, notiert er: *Nichts ist befreiender als selbstgewählte Einsamkeit.*

10° 30' S
105° 38' O

Weihnachtsinsel
(Australien)

ENGLISCH *Christmas Island*

135 km² | 1843 Einwohner

350 km
→ Java

1000 *2000* *2590 km*
→ Perth

1000 *2000* *3000* *4120 km*
→ Amsterdam (11

2008–2018 Internierungslager für Einwandere

25. Dez. 1643 entdeckt von William Mynors

1500 *1600* *1700* *1800* *1900* *200*

1989 Entdeckung der ersten Superkolonie der Spinnerameise

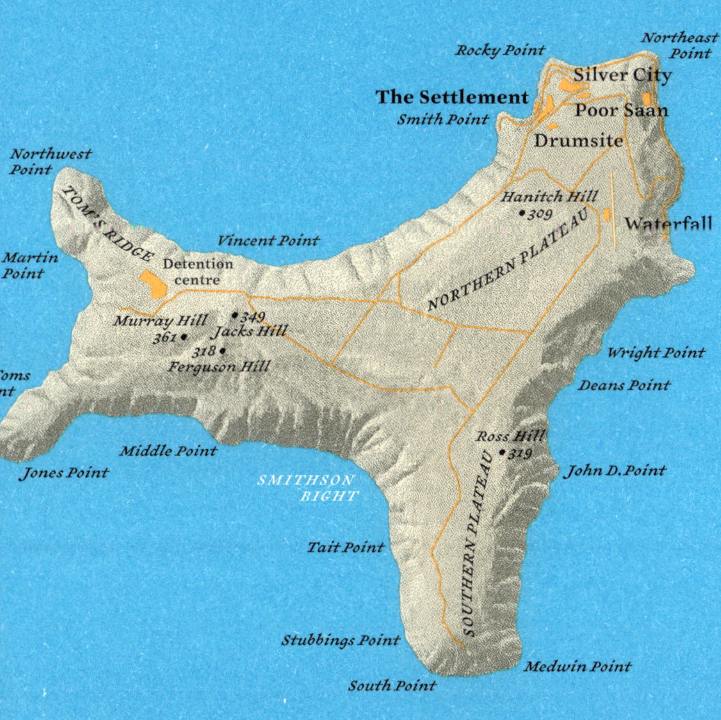
Northeast Point
Rocky Point
Silver City
The Settlement
Poor Saan
Smith Point
Drumsite
Northwest Point
TOM'S RIDGE
Hanitch Hill
309
Waterfall
NORTHERN PLATEAU
Vincent Point
Martin Point
Detention centre
Murray Hill
349
361
Jacks Hill
318
Ferguson Hill
Wright Point
Toms
Deans Point
Ross Hill
319
Middle Point
Jones Point
John D. Point
SMITHSON BIGHT
SOUTHERN PLATEAU
Tait Point
Stubbings Point
Medwin Point
South Point
0 1 2 3 4 5 km

Weihnachtsinsel

DIE REGENZEIT LOCKT sie aus ihren Höhlen. Jedes Jahr im November machen sich 120 Millionen geschlechtsreife Krabben auf den Weg zur See. Ein roter Teppich breitet sich über die Insel aus. Mit Tausenden von Schritten krabbeln sie über Asphalt und Türschwellen, klettern über Mauern und Felswände, schieben ihre feurigen Panzer auf zwei starken Scheren und acht dünnen Beinen seitwärts zur See und werfen kurz vor Neumond ihre schwarzen Eier in die Brandung. // Nicht alle kommen ans Ziel. Ihr Feind lauert überall: Woher er kommt, weiß niemand genau. Irgendwann war die Gelbe Spinnerameise einfach da, von Besuchern eingeschleppt. Die Invasoren sind nur vier Millimeter groß, aber ihre Armee ist vernichtend. Die Ameisenvölker haben miteinander Frieden und ihre Königinnen einen verhängnisvollen Pakt geschlossen: Zusammen bilden sie die vereinigten Kolonien, eine Supermacht, ein Imperium. Hinter jeder der 300 Königinnen steht eine riesige Armee von Arbeitern, mit langen, geknickten Beinen, schmalen, gelben Rümpfen und dunkel getönten Köpfen. // Sie bauen Nester in hohlen Bäumen und tiefen Erdspalten, halten sich Schildläuse, die für sie die Nahrung bereiten, einen süßen Honigtau, und bewegen sich rasend schnell, ändern alle paar Sekunden ihren Kurs, schlagen ständig neue Richtungen ein, immer zum Angriff bereit. Ihre Opfer sind nestjunge Tölpel und Fregattvögel und die Roten Landkrabben auf ihrem Gang zum Meer. Auf deren flammende Panzer spritzen die Spinnerameisen ätzende Säure. Erst verlieren die Krabben ihr Augenlicht, dann ihre leuchtende Farbe, nach drei Tagen ihr Leben. Auf der Weihnachtsinsel herrscht Krieg.

15° 53' S
54° 31' O

Tromelin

Verstreute Inseln (Frankreich)

FRANZÖSISCH veraltet *Île des Sables* [›Sandinsel‹]

0,8 km² | 3 Bewohner

430 km
--/-/→ Madagaskar

550 km
--/--//→ Mauritius

650 km
--/--/--/→ Agalega (132)

31. Juli 1761 Schiffbruch der *Utile*

1500 *1600* *1700* *1800* *1900* *2000*

1722 entdeckt von Jean-Marie Briand de la Feuillée

Station météo
Barrière des récifs
0 1 2 3 4 5 km

Tromelin

AM 17. NOVEMBER 1760 verlässt die *Utile*, ein Schiff der Ostindischen Handelskompanie, Bayonne im Südwesten Frankreichs, um zu den Mascarene-Inseln zu fahren. In Madagaskar macht das Handelsschiff halt, um die Nahrungsreserven aufzufüllen, und der Kapitän Jean de La Fargue nimmt – gegen die Anweisung des Gouverneurs – 60 Sklaven an Bord, um sie wie die anderen Waren auf der Île de France, dem heutigen Mauritius, zu verkaufen. Doch auf dem Weg dorthin bringt ein Unwetter die *Utile* vom Kurs ab. Sie läuft auf Grund, zerschellt am Riff dieser kleinen Insel, ein Streifen Strand mit ein paar Palmen, knapp zwei Kilometer lang und 800 Meter breit, Sandinsel genannt. Fast alle, die sich an Land retten können, sind verletzt, verstümmelt, eher Geister als Menschen. // Die Überlebenden beginnen, aus den Trümmern des Wracks ein Boot zu bauen. Zwei Monate nach dem Schiffbruch ist es fertig. Darauf verschwinden die französischen Matrosen mit dem Versprechen, Hilfe zu holen, 122 Mann, eng umklammert, auf Nimmerwiedersehen. Zurück bleiben die

Sklaven. Sie sind frei, aber ihre Freiheit ist nicht mal einen Quadratkilometer groß; sie sind so gefangen wie noch nie, Sklaven ihres Überlebenswillens. Sie machen Feuer, graben einen Brunnen, nähen sich Kleider aus Federn, fangen Seevögel, Schildkröten und Schalentiere aus dem Meer. Viele von ihnen sind so verzweifelt, dass sie sich auf einem Floß ins Nirgendwo treiben lassen – alles ist besser, als gefangen zu bleiben auf einem Stückchen Sand, der Hoffnung und dem Leben ausgeliefert. Die anderen bewachen das Feuer. // Nach 15 Jahren brennt es noch immer. Von den 60 freien Sklaven bleiben sieben Frauen übrig – und ein kleiner Junge, ein Säugling noch. Am 29. November 1776 entdeckt sie die Besatzung der Korvette *La Dauphine*, nimmt sie an Bord und bringt sie zur Île de France. Auf der Sandinsel lassen sie nichts zurück als das verkohlte Holz des erloschenen Feuers und den Namen ihres Retters, eines Offiziers der königlichen Marine, des Kapitäns der Korvette: Chevalier de Tromelin.

11° 33' N
92° 14' O

North Sentinel

Andamenen (Indien)

SPRACHE DER ONGE *Chia daaKwokweyeh*

60 km² | Einwohnerzahl unbekannt

1000 *1250 km*
--/--/--/--/--/--/⟶ Sri Lanka

50 km
-/⟶ Port Blair

1000 *2000* *2670 km*
--/--/--/--/--/--/--/--/--/--/--/--/--/⟶ Südl.Keelinginseln (104)

seit 24 000 v. Chr. besiedelt

1967–96 Kontaktversuche der indischen Regierung

1500 *1600* *1700* *1800* *1900* *2000*

1879/80 Verschleppung von Einwohnern durch Maurice Vidal Portman

2018 Tod von John A. Chau

0 1 2 3 4 5 km

North Sentinel

ES IST FAST MITTAG, als John Allen Chau, nur mit schwarzen Unterhosen bekleidet, durch die südwestliche Bucht der Insel watet und anfängt zu predigen. Am Ufer stehen zwei Dutzend Menschen im weißen Sand, bis auf die Rindenschnüre um die Hüften nackt, und schreien. John presst die wasserdichte Bibel gegen seine behaarte Brust, senkt die Stimme und geht unbeirrt weiter. Seine Füße bluten. Die Überreste des toten Riffs, das beim letzten Seebeben trockenfiel, sind messerscharf. In seinem Kajak liegen noch ein Erste-Hilfe-Koffer und Geschenke: Scheren, Pinzetten, Sicherheitsnadeln, Angelhaken und ein Minifußball – Dinge, die Jäger und Sammler wie sie zu schätzen wissen würden. // Er ist vorbereitet. In kein einziges Liebesabenteuer hat er sich verwickeln lassen, weil er eine Langzeitbeziehung eingehen will: mit ihnen, für zwanzig, dreißig Jahre – solange es eben braucht, um sich mit ihrer Sprache und ihren Bräuchen vertraut zu machen. // Als sich ein Kanu mit zwei Männern nähert, fallen ihm die gelben Pigmentkreise auf ihren Wangen auf, und John erinnert sich, wie er und sein Bruder sich als Kinder die Gesichter mit Brombeersaft bemalt haben und mit Pfeil und Bogen durch die Hinterhöfe gestreift sind. Aber das hier ist nicht Clark County am Columbia River, sondern eine Insel voller verlorener Seelen, die letzte Festung Satans, die Gott für ihn allein aufgehoben hat. Seit der Highschool hat er sich diesen Moment ausgemalt. Wie er endlich auf sie trifft und ihnen von Jesus erzählt, wie er eine Gemeinde gründet und schließlich das Wort Gottes in ihre gänzlich unerforschte Sprache überträgt. // Da rennt ein Junge kreischend in die Brandung, spannt den Bogen, lässt los, das Geschoss zischt durch die Luft, durchbohrt Johns Bibel, die er noch immer umklammert. Er zieht den Pfeil aus dem Buch, befühlt die metallene Spitze, starrt den Jungen an, noch ein Kind, stolpert, schluckt Wasser und flieht ins Tiefe. // Nachts schreibt er an einen Freund: *Ich glaube, ich könnte sterben – schon morgen. Wir sehen uns wieder, Bruder. Und denk daran: Der Erste im Himmel gewinnt.* // Im nächsten Morgengrauen schwimmt er zum letzten Mal in die Bucht.

10° 25' S
56° 38' O

Agalega (Mauritius)

veraltet *Galega*

26 km² | 274 Einwohner

1080 km
--/--/--/--/→ Mauritius

280 km
--/→ Seychellen

1000 *1770 km*
--/--/--/--/--/--/--/--/→ Diego Garcia (112)

1827–46 von Sklaven bewirtschaftete Kokosplantagenkolonie

1500 *1600* *1700* *1800* *1900* *2000*

1501 wahrscheinlich entdeckt von João da Nova

2015 Geheimabkommen zwischen Mauritius und Indien

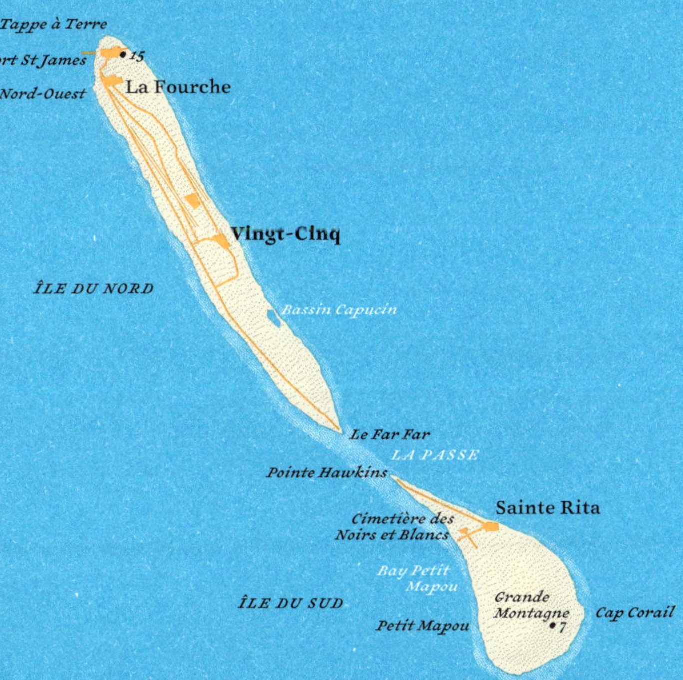

François
Tappe à Terre
Port St James
15
te Nord-Ouest
La Fourche
Vingt-Cinq
ÎLE DU NORD
Bassin Capucin
Le Far Far
LA PASSE
Pointe Hawkins
Sainte Rita
Cimetière des
Noirs et Blancs
Bay Petit
Mapou
ÎLE DU SUD
Grande
Montagne
7
Cap Corail
Petit Mapou
Cap La Digue
0 1 2 3 4 5 km

Agalega

ANFANG AUGUST 2019, in den frühen Morgenstunden, als sich der Dunst über der Lagune aufzulösen beginnt, erscheinen Drohnen über Agalega. Sie überfliegen langsam die Wellblechdächer von Sainte Rita, dem alten *Camp Noir*, ehe sie nach Westen abdrehen und bei den beiden Friedhöfen im Palmenwald – dem Weißen und dem Schwarzen – an Höhe verlieren, über die Gräber schweben, erst über die noch immer prunkvollen, importierten Basaltgrabmäler der freien Verwalter, dann über die vielen verwitterten Korallensteingräber der versklavten und freigelassenen Arbeiter. Manche der Schädel in der sandigen Erde haben rissige Kalotten vom Tragen der schweren Koprakörbe, aber das entgeht den Objektiven. // Schon ziehen sie weiter, gleiten über die Kokospalmenplantage und den riffgesäumten Kanal, erreichen Vingt-Cinq, wo ein paar heranstürmende Hunde sie bellend zu verjagen versuchen, genau auf jenem Platz, auf dem einst Sklaven bei Aufsässigkeit – an einen Block gefesselt – auf den Rücken jene 25 Peitschenhiebe erhielten, an die der Name der Siedlung noch heute erinnert. Die Flugkörper umkreisen die von Mangroven okkupierte Ruine des Gefängnisses, das die körperliche Züchtigung ersetzte, ehe sie die schlaffe mauritische Flagge vor dem Verwaltungsgebäude der *Entwicklungsgesellschaft für entlegene Inseln* passieren, jener Behörde, die streng kontrolliert, wer hier leben oder anlanden darf. Wenig später taucht das riesige, frisch gerodete Baufeld für die künftige Landebahn auf, die mit ihren drei Kilometern groß genug sein wird, um von Militärmaschinen angeflogen zu werden. Bagger, Bulldozer, Betonmischer und Tonnen von Baumaterialien ruhen vor einer öligen Lache, die einfach nicht trockenzukriegen ist. // Nicht weit davon, im Dorf La Fourche, wird der Agaleganer Stelio Henri von einem anhaltenden Sirren geweckt, tritt auf die Veranda und beobachtet, wie das Geschwader jetzt über den gerade fertiggestellten Schlafsälen der indischen Leiharbeiter in immer höhere Luftschichten aufsteigt und sich aufs Meer zurückzieht, das nach Tagen stürmischen Seegangs befremdlich friedlich daliegt.

PAZIFISCHER OZEAN

St. Georg
Semisopochnoi
Atlassow-Insel
Midwayinseln
Iwojima
Pagan
Taongi
Pingelap
Howlandinsel
Banaba
Takuu
Nukulaelae
Pukapuka
Tikopia
Napuka
Fangatauf
Rapa
Norfolkinsel
Raoul-Insel
Antipoden-Inseln
Macquarieinsel
Campbell-Insel

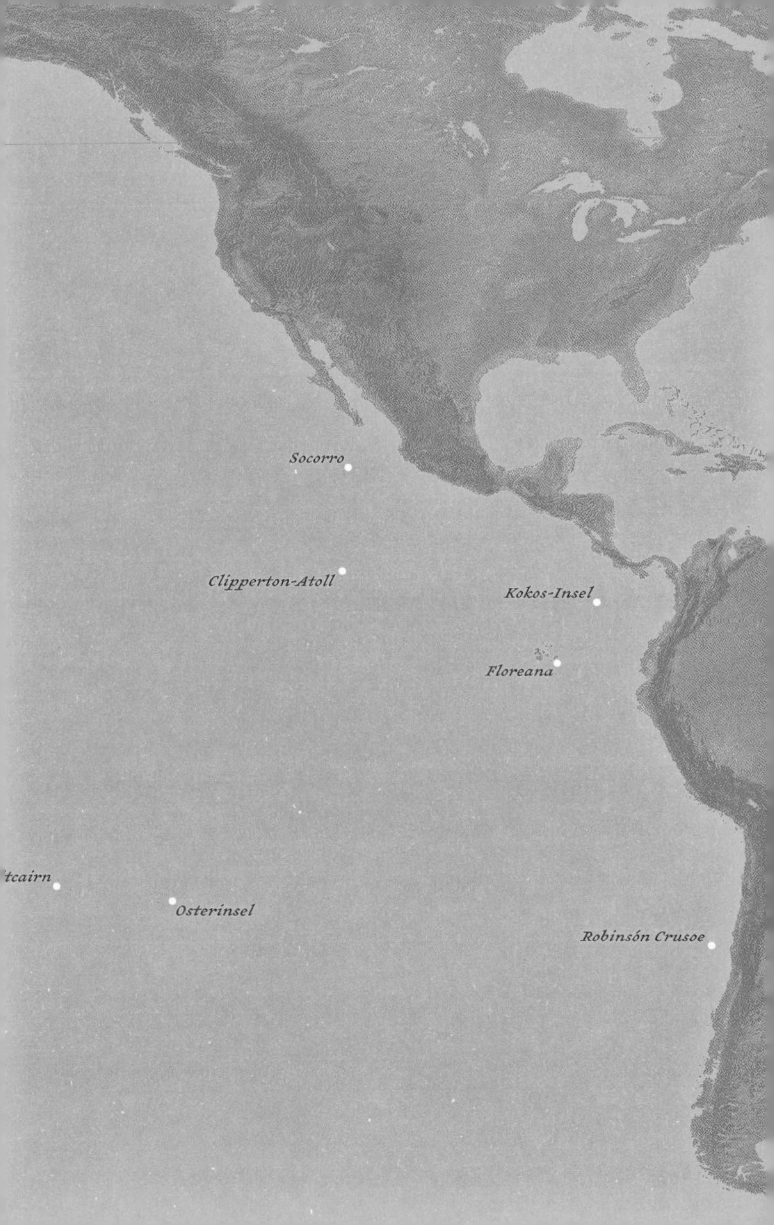
Socorro
Clipperton-Atoll
Kokos-Insel
Floreana
tcairn
Osterinsel
Robinsón Crusoe

14° 10' S
141° 14' W

Napuka *Inseln der Enttäuschung* (Französisch-Polynesien)

auch *Pukaroa*, veraltet *Wytoohee*

8 km² | 243 Einwohner

20 km
/→ Tepoto Nord

1000 *2000* *3000* *3990 km*
--/--/--/--/--/--/--/--/--/--/--/--/--/--/--/--/--/→ Hawaii

920 km
--/--/--/-/→ Fangataufa (158)

1977 Eröffnung des Flughafens

1500 *1600* *1700* *1800* *1900* *2000*
…/--/…

Ende Jan. 1521 vermutlich entdeckt von Ferdinand Magellan

Titika
Onamu
Kavake
Rangihoa
Oire
KOKO
Tupiti
Manga
Manga
Karena
Maihiva
O Homo
Onimo
Araveke
Kurima
Ngake
Mirinuku
Ongare

0 1 2 3 4 5 km

Napuka

ALS SIE AM 28. NOVEMBER 1520 das große Weltmeer erreichen und Kurs nach Nordwesten nehmen, verkündet der Generalkapitän Ferdinand Magellan, sie würden höchstens noch einen Monat bis zu den Gewürzinseln brauchen. Aber daran glaubt bald niemand mehr. Wochenlang sehen sie kein Land. Der Ozean ist vollkommen ruhig, sodass sie ihn den Stillen nennen, *Mare Pacifico*. Es ist, als hätten sich die Tore der Ewigkeit geöffnet und als steuerten sie geradewegs in diese hinein. Bald hat die Kompassnadel nicht mehr genug Kraft, den Norden anzuzeigen, und die Besatzung nicht genug zu essen: Der Schiffszwieback ist nichts als Staub, von Mäusekot und Würmern zersetzt, und das Trinkwasser eine gelbe, faulige Brühe. Um nicht hungers zu sterben, essen sie Sägespäne und die Lederstücke, mit denen die Rahe zum Schutz der Taue umwunden ist. Sie tunken das steinharte Leder vier bis fünf Tage ins Meer, um es weicher zu machen, braten es auf Kohle und würgen es hinunter. // Als Ratten entdeckt werden, beginnt die Jagd. Für ein abgemagertes Exemplar wird bis zu einem halben Dukaten gezahlt. Einer ist so ungeduldig, dass er das erstandene Tier roh hinunterschlingt, und zwei Matrosen geraten über eine erlegte Ratte in so großen Streit, dass der eine den anderen mit einer Axt erschlägt. Der Totschläger soll gevierteilt werden, aber keiner hat die Kraft, das Urteil zu vollstrecken, also erdrosselt man ihn und wirft ihn über Bord. // Jedes Mal, wenn jemand stirbt, beeilt sich Magellan, den Leichnam in ein Segeltuch einnähen und ins Meer werfen zu lassen, ehe seine Männer zu Menschenfressern werden. Tatsächlich starren die Überlebenden gierig auf die frisch Verstorbenen, Opfer des Hungers oder der Krankheit, die das Zahnfleisch bluten lässt. // Als sie nach 50 Tagen endlich Land sichten, finden sie keinen Ankergrund und die auf den Inseln anlandenden Beiboote nichts, was den Hunger oder Durst zu stillen vermag. Sie nennen sie *Inseln der Enttäuschung* und setzen ihre Fahrt fort. Der Schiffsschreiber Antonio Pigafetta notiert: *Ich bin überzeugt, dass eine solche Fahrt nie wieder unternommen werden wird.*

27° 36' S
144° 20' W

Rapa Iti *Austral-Inseln* (Französisch-Polynesien)

auch nur *Rapa*

ENGLISCH veraltet *Oparo Island*

40,5 km² | 507 Einwohner

1180 km
→ Tahiti

1000 2000 3000 *3620 km*
→ Neuseeland

1000 *1440 km*
→ Pitcairn (202)

1791 gesichtet von George Vancouver

1500 1600 1700 1800 1900 2000

26. Mai 1998 Marc Liblin stirbt im Alter von 50 Jahren auf Rapa Iti

Auroa Point
Angairao Bay
Matapu Point
Mount Vairu
218
Autea Point
Mount Perahu
385
Mount Pukunia
246
Atanui Bay
Anarua Bay
Area
Nukutere Point
AHUREI BAY
284
Mount Motu
Maomao Point
HIRI BAY
Ahurei
Mount Pukumaru
355
Anatauri Bay
Tauturau Island
0 1 2 3 4 5 km

Rapa Iti

IN EINER KLEINEN STADT in den Ausläufern der Vogesen wird ein sechsjähriger Junge von Träumen heimgesucht, in denen ihm eine völlig unbekannte Sprache gelehrt wird. Bald beherrscht der kleine Marc Liblin sie nicht nur im Traum fließend, ohne zu wissen, woher sie kommt oder ob es sie wirklich gibt. // Er ist ein einsames Kind, hochbegabt und wissensdurstig. Als Jugendlicher ernährt er sich eher von Büchern als von Brot. Mit 33 Jahren lebt er als Aussteiger in der Bretagne. Da werden Forscher der Universität Rennes auf ihn aufmerksam, wollen seine Traumsprache entschlüsseln und übersetzen. Zwei Jahre lang füttern sie riesige Rechenmaschinen mit seinen seltsamen Lauten. Vergeblich. // Irgendwann kommen sie auf die Idee, durch Hafenkneipen zu ziehen, um Matrosen auf Landgang zu befragen, ob jemand unter ihnen diese Sprache irgendwo schon einmal gehört habe: In einer Kneipe von Rennes gibt Marc Liblin eine Solovorstellung, monologisiert vor einer Gruppe von Tunesiern, als der Mann hinter dem Tresen, ein ehemaliger Angehöriger der Marine, sich einmischt und erklärt: Er habe diesen Zungenschlag schon einmal gehört, auf der einsamsten aller polynesischen Inseln. Und er kenne eine ältere Dame, die genauso spreche, die geschiedene Ehefrau eines Militärs, die nun in einem Sozialbau in der Banlieue wohne. // Die Begegnung mit der polynesischen Dame verändert Liblins Leben: Meretuini Make öffnet die Tür, er begrüßt sie in seiner Sprache, und sie antwortet sofort in dem alten Rapa ihrer Heimat. // Marc Liblin, der Europa noch nie verlassen hat, heiratet die einzige Frau, die ihn versteht, und bricht 1983 mit ihr zusammen auf zu der Insel, auf der seine Sprache gesprochen wird.

33° 39' S 78° 50' W Robinsón Crusoe

Juan-Fernández-Inseln (Chile)

SPANISCH veraltet *Isla Más a Tierra* [›Zum Land nähere Insel‹

48 km² | 926 Einwohner

150 km
-/→ Alexander-Selkirk-Insel

630 km
--/--/-/→ Chile

1000 *2000* *3000* *3770 km*
--/--/--/--/--/--/--/--/--/--/--/--/--/--/--/--/--/--/→ Floreana (182)

2010 Tsunami mit 16 Toten

1500 *1600* *1700* *1800* *1900* *2000*

1704–08 Alexander Selkirks Robinsonade

Punta Norte
Punta Suroeste
Cerro Alto 600
Punta Salinas
Puerto Inglés
Cerro Agudo 685
720
Cerro Portezuelo
San Juan Bautista
Bahía Cumberland
BAHÍA TRES PUNTAS
Punta Lemos
CORDÓN ESCARPADO
Cerro Damajuana 635
Cerro El Yunque 915
Cerro La Piña 604
Bahía Villagra
Punta Puerto Francés
Islote Vinilla
Punta Hueca
Playa Larga
Punta Hueso Ballena
Punta O'Higgins
ISLA SANTA CLARA
Punta Freddy
0 1 2 3 4 5 km

Robinsón Crusoe

ROBINSONS TAGEBUCH liegt in Berlin, *auf einem vergessenen Regal der Staatsbibliothek Preußischer Kulturbesitz*, behauptet David Caldwell vom Edinburgher Nationalmuseum. // In dem Bücherschiff haben alle zu tun, seit zehn Jahren dieselben Gesichter, hinter den Enzyklopädien, auf dem obersten Deck, unter der Terrasse mit mannshohen Globen. Jeder Tisch ist ein Inselreich. Alle kommen her, um zu schreiben – wenn es gut geht, eine ganze Seite, wenn es schlecht geht, einen halben Satz am Tag. // Einen Monat lang war Caldwell auf der Insel. Alles, was er fand, war ein kantiges, spitz zulaufendes Stück Bronze, 1,6 Zentimeter lang. Er ist sich sicher: Es muss zu Alexander Selkirks Stechzirkel gehört haben, zu seinem Navigationszubehör. Und jenes Tagebuch, das der gestrandete Seeräuber in der Einsamkeit führte, gelangte in die Sammlung des Duke of Hamilton, von Nachfahren versteigert ans junge deutsche Kaiserreich: das Vorbild für den ersten Roman in englischer Sprache. Der Herausgebertrick ist so wahr wie ausgedacht: Aus Alexander wird Robinson, aus dem schottischen Schuster- ein Kaufmannssohn aus York, der die Ratschläge des Vaters ignoriert, aus vier Jahren und vier Monaten werden 28 lange Jahre, ein halbes Menschenleben. Aus dem Seeräuber Selkirk wird der Plantagenbesitzer Crusoe, den immer wieder das rastlose Verlangen packt, zu fernen Zielen aufzubrechen, und – sobald er sie erreicht – der tiefe Wunsch, in die Heimat zurückzukehren. // Manchmal poltert es aus den Magazinen, und abends, wenn sich die Reihen lichten, tanzen die Lamellen der großen Fensterfront einmal um sich selbst, zerteilen den Panoramablick auf einen leeren Platz. In der Abteilung der Handschriften werden die Bestände gesichtet. Eine Sprecherin erklärt am 4. Februar 2009: *Wir haben in den vergangenen Tagen sämtliche infrage kommenden Kataloge durchwühlt und sind nicht fündig geworden. Selkirks Tagebuch ist nicht bei uns, mit an Sicherheit grenzender Wahrscheinlichkeit.* // Schriftsteller haben es leichter als Archäologen.

0° 48' N
176° 37' W

Howlandinsel *Phoenixinseln* (Vereinigte Staaten)

ENGLISCH *Howland Island*

2,6 km² | unbewohnt

1000 *1640 km*
→ Samoa

1000 *2000* *3030 km*
→ Hawaii

1000 *1750 km*
→ Pukapuka (174)

1.Dez. 1828 entdeckt von Daniel McKenzie

1500 *1600* *1700* *1800* *1900* *2000*

seit 2009 Naturschutzgebiet

Earhart Light

0 1 2 3 4 5 km

Howlandinsel

SIE ÜBERQUERT als erste Frau im Alleinflug den Atlantik: von Neufundland nach Nordirland in 14 Stunden und 56 Minuten, als zweiter Mensch nach Lindbergh. Sie fliegt von Los Angeles nach New Jersey, von Mexiko-Stadt nach Newark und von Honolulu nach Oakland – Amelia Earhart, eine Pionierin, die mit Kondensstreifen neue Rekorde in den Himmel schreibt. // Ihre Hochleistungen sind Leistungen in der Höhe. Immer wieder ist sie die erste Frau. Aber sie will etwas wagen, das noch keiner geschafft hat: als erster Mensch die Erde an ihrer größten Ausdehnung umrunden. *Ich weiß von den Gefahren. Ich will es tun, weil ich es tun will.* // Das letzte Bild vor ihrer 29 000-Meilen-Reise um den Äquator zeigt ein ungleiches Paar vor ihrer *Lockheed L-10E Electra*, einem zweimotorigen Propellerflugzeug in silberner Stromlinienform: Amelia Earhart stemmt die Arme lässig in die Seite. Der Reißverschluss ihres Fliegeroveralls ist weit geöffnet, der Lockenkopf geneigt, auf den Lippen ein Draufgängergrinsen, der Körper lang und dünn. Daneben steht ihr Navigator Fred Noonan wie ein verschüchtertes, aber fleißiges Mädchen. // Am Morgen des 2. Juli 1937 schießt das Flugzeug über die stoppelige Piste von der Insel Lae am Rand der Salomonensee, schwer vom vollen Tank, der für gut 20 Flugstunden reicht. Die ganze Welt liegt hinter ihnen – 22 000 Meilen –, nur noch das letzte Stück fehlt, das über den stummen Ozean, der sich über die Hälfte der Erde ausdehnt. // Vor der Küste der Howlandinsel – 2556 Meilen entfernt – wartet auf sie die *Itasca*, ein Kutter der amerikanischen Küstenwache, mit neuem Treibstoff und frisch gemachten Betten. Das Atoll ist so klein, dass eine Wolke genügt, um es zu verdecken. Um 7:42 Uhr ist Earharts Stimme über Funk zu hören: *Wir kommen auf euch zu, aber können euch nicht sehen. Treibstoff wird knapp.* Eine Stunde später ein neuer Ruf: *Fliegen 157–337 Grad, folgen Nord-Süd.* Auf der *Itasca* suchen alle den Horizont mit Feldstechern ab, senden Signale, doch der Äther antwortet nicht mehr. Amelia Earhart verschwindet kurz hinter der Datumsgrenze auf dem Flug ins Gestern. Der Ozean schweigt.

54° 38' S
158° 52' O

Macquarieinsel

(Australien)

ENGLISCH *Macquarie Island*

128 km² | 20–40 Bewohner

1070 km → Neuseeland

1510 km → Antarktis

700 km → Campbell-Insel (190)

25. Mai 1948 Eröffnung der Forschungsstation

1500 *1600* *1700* *1800* *1900* *2000*

11. Juli 1810 entdeckt von Frederick Hasselborough

2011–14 Bekämpfung der Kaninchenplage

North Head
Hasselborough Bay
Handspike Point
Anare Station
Halfmoon Bay
Buckles Bay
Mount Elder
371
Nuggets Point
Langdon Point
Douglas Bay
347
Mount Power
Bauer Bay
Tussock Point
Mawson Point
Cormorant Point
Sandy Bay
Brothers Point
Mount Eitel
361
Aurora Point
Mount Ifould
374
Mount Law
347
Green Gorge
Mount Waite
422
Double Point
Davis Bay
Mount Blake
372
Saddle Point
Sandell Bay
Waterfall Bay
Cape Toucher
433 Mount Hamilton
Mount Fletcher
428
Lusitania Bay
Precarious Point
Cape Star
Carrick Bay
Caroline Point
Mount Ainsworth
363
Windsor Bay
Hurd Point
0 1 2 3 4 5 km

Macquarieinsel

DIESER SCHROFFE, DAUERFEUCHTE Flecken ist niemals Teil einer Landmasse gewesen, sondern kommt direkt aus der Tiefe der See; er ist ein Stück Erdkruste vom Boden des Ozeans, das zufällig über den Meeresspiegel geschleudert wurde, die aus dem Wasser ragende Wirbelsäule eines unterseeischen Rückens. Hier, auf halbem Wege zur Antarktis, wo das warme Wasser des Nordens auf das kalte des Südens trifft, ist das Meer immer stürmisch und jedes Anlanden gefährlich. // Auch der Besatzung der *Peacock* gelingt es im Januar 1840 nur mit größter Mühe, die Insel zu erreichen, ohne dabei das Schiff zu verlieren. An Land durchkämmen die Männer die schroffe Natur, sammeln Exemplare der kargen Vegetation, und Lieutnant Charles Wilkes kommt zu dem Schluss: *Die Macquarieinsel bietet keinerlei Anreiz für einen Besuch.* // Nur der Seekadett Henry Eld ist überwältigt, als er allein hinunter zum Hurd Point wandert. In allen Buchten, an allen Stränden modern die Überreste der Wracks unter der schütteren Grasdecke, Schiffsgerippe im Meer der Pinguine, die zu Millionen die Insel bevölkern. Auch wenn er schon oft von den riesigen Mengen von Vögeln auf unbewohnten Inseln gehört hat, ist er auf diese ungeheure Masse nicht vorbereitet. Alle Seiten der zerfurchten Hügel sind buchstäblich übersät von ihnen. Noch nie hat er solch ein entsetzliches Geschnatter, Gekreische und Gequietsche vernommen, und er hätte sich nicht träumen lassen, dass irgendein Federvolk einen solchen Lärm machen kann. Von allen Seiten schnappen sie nach ihm, verbeißen sich in seine Hose, knabbern heftig an seinem Fleisch, sodass er zurückweicht, in die Enge getrieben. Mit bleichen Bäuchen, düsteren Gesichtern und gereckten Schnäbeln umzingeln die Gestalten den Eindringling. Immer mehr Vögel kommen näher – aufrecht, unerschütterlich und mit den würdevollen Schritten von strengen Rektoren –, bis Henry Eld in dem schwarz-weißen Feld gänzlich verschwunden ist.

22° 15' S
138° 45' W

Fangataufa *Tuamoto-Archipel* (Französisch-Polynesien)

ENGLISCH veraltet *Cockburn Island*

5 km² | unbewohnt

40 km
/⟶ Moruroa

1000 *2000* *3000* *4000* *4410 km*
--/--/--/--/--/--/--/--/--/--/--/--/--/--/--/--/--/--/--/-/⟶ Neuseela

810 km
--/--/--//⟶ Rapa Iti (142)

Feb. 1826 entdeckt von Frederick William Beechey

1500 *1600* *1700* *1800* *1900* *2000*

1966–96 Testgelände für Kernwaffen

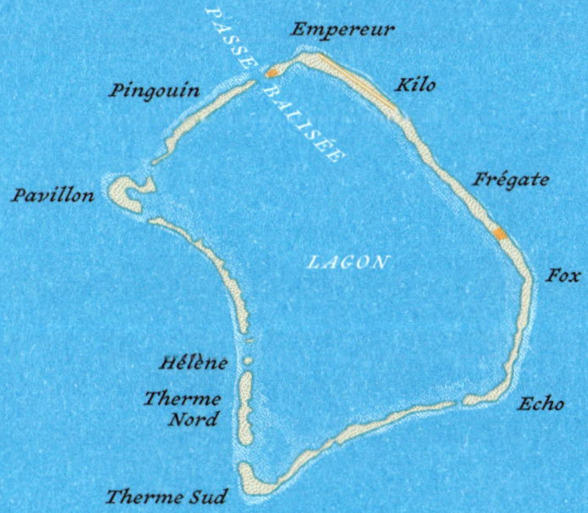
Empereur
PASSE BALISÉE
Pingouin
Kilo
Frégate
Pavillon
LAGON
Fox
Hélène
Therme
Nord
Echo
Therme Sud

0 1 2 3 4 5 km

Fangataufa

DIE KOLONIEN SIND VERTEILT, zwei Weltkriege gewonnen. Um Großmacht zu werden, braucht man die Bombe. Die vierte Siegermacht zieht nach und will sich mit Kernwaffen Weltgeltung verschaffen, abschrecken und Größe beweisen. In der Sahara detonieren die ersten Atombomben Frankreichs. Als Algerien und seine Wüste unabhängig werden, muss für die *Force de frappe* eine neue Einöde gefunden werden. Man denkt zunächst an das einsame Clipperton-Atoll, an den windumtosten Archipel der Kerguelen und wählt für das schreckliche Vorhaben schließlich einen malerischen Ort, zwei Lagunenlandschaften Tuamotus, fernab von den Augen der Welt: Moruroa und Fangataufa, zwei unbewohnte Atolle mit unberührter und üppiger Natur. // Als die Franzosen auf Fangataufa landen, sprengen sie im Norden eine Passage in den geschlossenen Landring, um die Lagune schiffbar zu machen, und verteilen an die Bewohner der Nachbaratolle Schutz- und Sonnenbrillen. // Am 24. August 1968 ist alles bereit für den großen Test, die Detonation der ersten französischen Wasserstoffbombe; es ist die größte, die jemals gezündet wurde, mit einer Sprengkraft von 2,6 Megatonnen – hundert- bis tausendmal gewaltiger als die einer Atombombe. Ein Heliumballon steigt mit der drei Tonnen schweren Bombe auf eine Höhe von 520 Metern. Jemand sagt den Codenamen für diese Operation: *Canopus* – wie der Name des zweithellsten Sterns am Nachthimmel, der so weit südlich steht, dass er von Frankreich aus nicht zu sehen ist, genauso wenig wie die Explosion dieser Bombe um 19 Uhr 30 Pariser Zeit: In den Himmel wächst eine gigantische Wolke mit einem gedrechselten Schweif aus gesprengtem Wasserdampf. Die Druckwelle wandert nach außen, wirft ihren ringförmigen Schatten auf die Lagune, das Atoll, die See und drängt den Ozean mit einer Flutwelle gen Horizont. // Danach ist nichts mehr da. Keine Häuser, keine Anlagen, keine Bäume, gar nichts. Die ganze Insel wird wegen der radioaktiven Verseuchung evakuiert. Sechs Jahre lang darf Fangataufa von niemandem mehr betreten werden.

162 *Pazifischer Ozean | Ochotskisches Meer*

50° 51' N
155° 33' O

Atlassow-Insel

Nördliche Kurilen (Russland)

RUSSISCH *Ostrow Atlassowa*

JAPANISCH *Araido-tō*

119 km² | unbewohnt

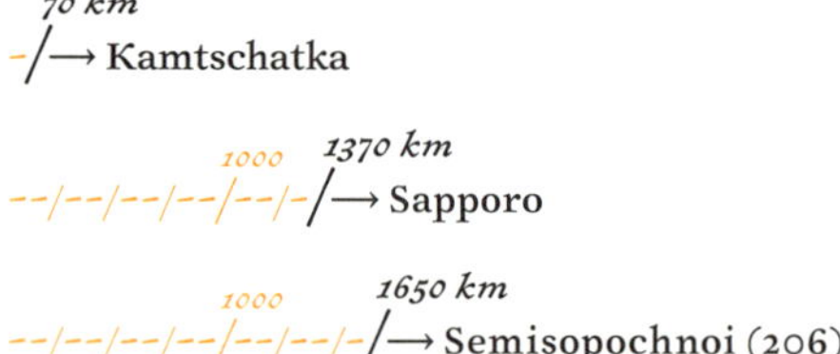

Anfang der 1950er Jahre Strafkolonie für Frauen

1500 1600 1700 1800 1900 2000

2019 Vulkanausbruch

Mys
Borodawka
Mys
Rownyj
Alaid
Glawnyj
Buchta
Sewernaja
Mys
Chitryj
Mys
Pletscho
Saliw
Otwagi
956
Ouraschnyj
Wulkan Alaid
2339
Mys
Serdityj
BUCHTA
BAKLAN
2291
Pik Bonowoj
Pik Glawnyj
Sapertyj
Poluostrow
Wladimira
Gora Parasit
1023
BUCHTA
ALAIDSKAJA
Gora Osobaja
208
Mys
Podgornyj
Mys
Siandriom
Ochotskij
Mys
Lawa
Mys
Dewjatka
Mys
Pologij
0
1
2
3
4
5 km

Atlassow-Insel

NICHT VON DEM Himmelsträger, sondern von einem Kosaken hat sie den Namen, diese Insel, die nichts anderes ist als ein einziger einsamer Berg, der höher als alle anderen Perlen der Inselkette mit schwarzen Stränden aus den Fluten ragt. // Schöner als der Fuji ist er, der Berg, den das Volk der Kurilen *Alaid* nennt. Im Winter liegt zuckerweißer Schnee auf seinem Gipfel aus grauem Basalt. Der Vulkan ist der nördlichste des Feuerrings aus verstreuten Inseln, 40 000 bis 50 000 Jahre alt, bestechend wegen seiner ebenmäßigen Gestalt. // Einst soll er in der Mitte des Kurilensees im Süden Kamtschatkas gestanden haben. So weit und mächtig ragte er in die Höhe, dass er allen benachbarten Gipfeln das Licht nahm. Darüber empörten sich die anderen Berge so sehr, dass sie Streit mit ihm suchten. In Wirklichkeit aber waren sie nur blass vor Neid wegen seiner vollkommenen Schönheit. Den Berg betrübte das sehr, und er sah sich gezwungen, seinen angestammten Platz inmitten der anderen Berge aufzugeben. So machte er sich auf eine lange Reise und setzte sich schließlich weit abseits im Meer zur Ruhe. // Aber als Andenken an seine Zeit im Kurilensee und als Zeichen seiner Trauer hinterließ er sein Herz, das in der Sprache der Kurile *Outchitchi* oder auf Russisch *Felsenherz* genannt wird. Dieser Felsen liegt nun in der Mitte des Sees und hat die Form eines Kegels. // Als Spur seiner ungewollten und einzigen Reise aber fließt der Fluss Ozernaia, der sich in der Trasse seines Weges gebildet hatte. Als sich der Berg von seinem Platz erhob, war das Wasser des Sees hinter ihm hergestürzt, um ihm zu folgen. Es ist eine dünne blaue Nabelschnur, die ihn noch immer an seine Heimat bindet, den Berg im Exil.

14° 38' N
169° 0' O

Taongi

Ratak-Kette (Marshallinseln)

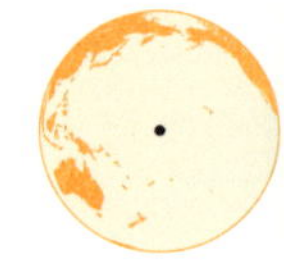

auch *Bokak*

ENGLISCH veraltet *Gaspar Rico* und *Smyth Island*

3,2 km² | unbewohnt

280 km
→ Bikar-Atoll

1000 *2000* *3000* *3750 km*
→ Hawaii

1000 *2000* *2500 km*
→ Pagan (234)

21. Aug. 1526 entdeckt von Alonso de Salazar

1500 *1600* *1700* *1800* *1900* *2000*

10. Sept. 1988 Fund der *Sarah Joe*

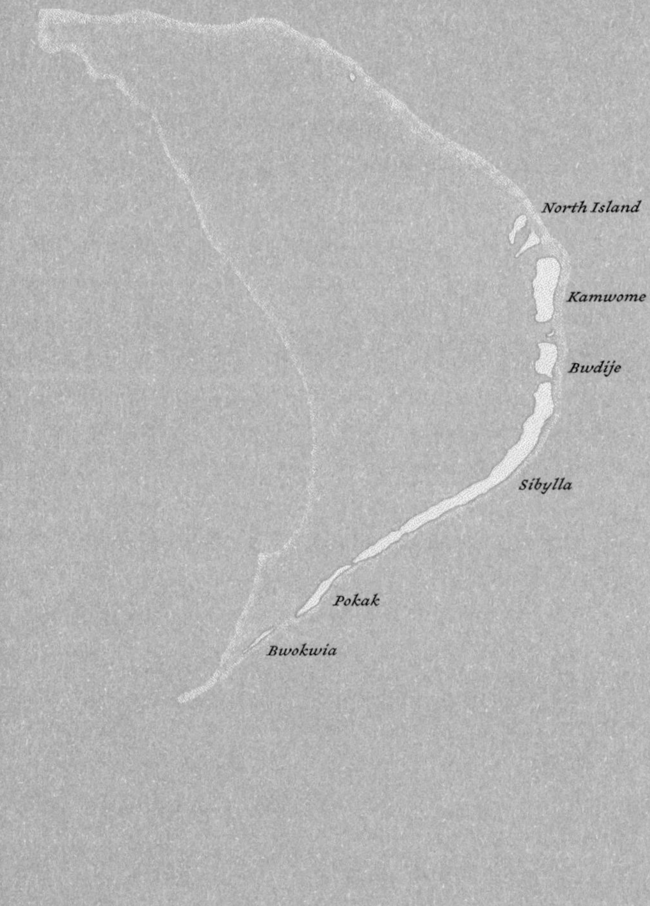

North Island

Kamwome

Bwdije

Sibylla

Pokak

Bwokwia

0 1 2 3 4 5 km

Taongi

SCOTT MOORMAN wächst im San Fernando Valley auf, schaut als Kind im Fernsehen die Serie *Adventures in Paradise* und träumt von einem Leben auf Hawaii. 1975 verlässt er das Festland und findet sein neues Zuhause in Nahiku, an der Ostküste der Maoui-Insel, wo die hawaiische Zeit gilt: Wenn das Wetter schön ist, bleibt die Arbeit liegen. So auch am Sonntagmorgen des 11. Februar 1979. Der Ozean ist spiegelglatt und der Himmel fast wolkenlos. Scott und vier Freunde beschließen, zum Angeln hinauszufahren. Sie kaufen neue Zündkerzen für die Bordmotoren, Bier und Limonade für den Kühlschrank und Eis für die Fische, die sie zu fangen hoffen. Gegen 10 Uhr passieren sie die Steininsel an der Mündung der Bucht und steuern die *Sarah Joe*, ihr fünf Meter langes Motorboot, nach Süden. Sie tragen Sonnenbrillen, lange Haare und buschige Schnauzer. Einer dreht den ersten Joint. // Gegen Mittag kommt Wind auf und fegt bereits am frühen Nachmittag als Sturm und bei Dämmerung als Orkan über die Insel, verwüstet die Küste und peitscht die See auf. Die Wogen sind meterhoch, der Regen hört nicht mehr auf. // Um 17 Uhr wird die *Sarah Joe* als vermisst gemeldet. Die Küstenwache schickt einen Hubschrauber und ein Flugzeug in das Unwetter, aber die Sicht ist zu schlecht. Jeden Tag stecken sie das Suchgebiet weiter ab. Fünf Tage fährt die Küstenwache hinaus, die Angehörigen noch eine Woche länger. Sie finden nichts. Gar nichts. Keine Spur von den Männern, kein Stück von dem Boot. // Neuneinhalb Jahre später entdeckt einer der Sucher, der Meeresbiologe John Naughton, auf Taongi, dem nördlichsten und trockensten Atoll der Marshallinseln, 3600 Kilometer westlich von Hawaii, am Strand das Wrack eines Bootes. Auf dem Schiffsrumpf aus Glasfaser prangt eine hawaiische Registrierungsnummer. Es ist die *Sarah Joe*. // Ganz in der Nähe ragt ein Kreuz aus Treibholz aus einem einfachen Grab aus aufgetürmten Steinen. Ein paar Knochen schauen aus dem Sand. Wie sich herausstellt, sind es die Überreste von Scott Moorman. Wer ihn hier begraben hat und wo die anderen sind, bleibt ein Geheimnis.

29° 2' S
167° 57' O

Norfolkinsel

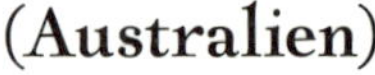

(Australien)

ENGLISCH *Norfolk Island*
NORFUK *Norfuk Ailen*

34,6 km² | 1748 Einwohner

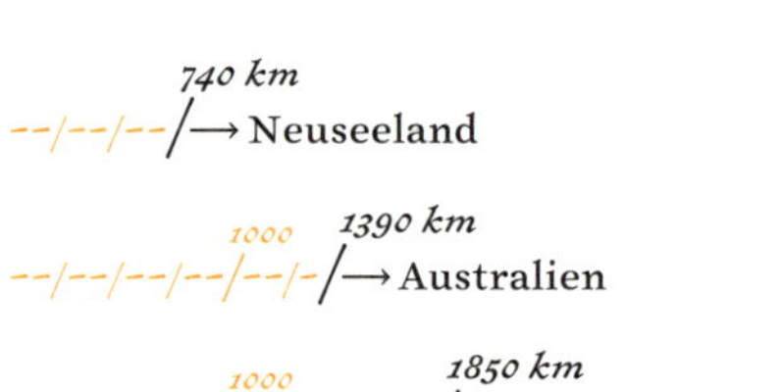

10. Okt. 1774 entdeckt von James Cook

1500 1600 1700 1800 1900 2000

1788–1813 Erste Sträflingskolonie

1825–55 Zweite Sträflingskolonie

Point Vincent
Point Howe
Duncombe Bay
Bird Rock
Anson Point
Mount Bates
318
Anson Bay
316 Mount Pitt
CASCADE BAY
Puppy's Point
Cascade
Steels Point
Burnt Pine
Middlegate
Point Blackbourne
Rocky Point
Ball Bay
Kingston
Collins Head
Sydney Bay
Cemetery Bay
Point Ross
Nepean Island

0 1 2 3 4 5 km

Norfolkinsel

DIE VERBANNUNG auf die paradiesische Insel bedeutet die Höchststrafe für jeden Verbrecher. Aus dieser Hölle kehrt niemand mehr heim. Die Sträflinge senken die Blicke und sprechen mit bewegungslosen Mündern. Sie arbeiten im Tagebau oder im Küstenriff, wo sie unter Wasser Kalk von den Korallenwänden brechen. Schwerste Arbeit ist immer noch besser als Einzelhaft. Mittags gibt es Brei aus Kartoffeln und Mais, dazu gepökeltes Fleisch, zäh wie Leder, und Wasser aus einem Eimer; abends für diejenigen, die noch einen Funken Widerstand zeigen, Hiebe mit der neunschwänzigen Katze, bis zur Bewusstlosigkeit. // Montag, der 25. Mai 1840. Es ist der Geburtstag der Königin. Im Hafen salutieren die Schiffe 21 Mal, ein Schuss für jedes Lebensjahr. Der neue Kommandant, Captain Alexander Maconochie, seit ein paar Wochen im Amt, ordnet Feierlichkeiten an: Freier Ausgang für alle! Gefangene wie Wächter können es kaum glauben. Keine Ketten, keine Vorsichtsmaßnahmen. // Alle Tore werden geöffnet. Gemeinsam trinken sie auf das Wohl der fernen Herrscherin

Punch mit ein paar Tropfen echtem Rum. Der Kommandant spaziert durch die offenen Kerker, die Sträflinge schlendern über die Hügel und streunen durch die Tannenwälder. Am Abend treffen sich alle zum *Dinner Alfresco*. Es gibt frisches Schweinefleisch, dazu Feuerwerk und Unterhaltung, ein Programm, von Gefangenen einstudiert. Die Zeltszene aus *Richard III.* wird gegeben. Ein Sträfling tanzt mit kindlichem Übermut eine *Hornpipe*, ein anderer singt die beliebteste Arie aus der Oper *Andalusiens Schloss*, das Lied des Wolfs: *Wenn der Wolf auf seinem nächtlichen Beutezug den Mond anheult / können Frauen kreischen und die Tore noch so fest verschlossen sein. / Niemand kommt ihnen zu Hilfe. Haltet bloß still / sonst werdet ihr von eurem Schicksal heimgesucht / und mit euch euer Hab und Gut! / Schlösser, Riegel und Balken fliegen bald auseinander. / Dann bleibt nur der Griff zur Büchse, Raub und Plünderei!* // Nach der Nationalhymne ertönt das Signalhorn. Alle kehren zurück in ihre Kerker und Baracken. Keine Vorfälle irgendwelcher Art an diesem Tag.

10° 53' S
165° 51' W

Pukapuka
(Cookinseln)

ENGLISCH auch *Danger Islands* [›Inseln der Gefahr‹]

3 km² | 444 Einwohner

700 km → Samoa

1000 *1300 km* → Rarotonga

1000 *2000* *2680 km* → Napuka (138)

1500 *1600* *1700* *1800* *1900* *2000*

20. Aug. 1595 entdeckt von Alvaro de Mendaña

21. Juni 1765 erneut gesichtet von John Byron

1924 Robert Dean Frisbie zieht nach Pukapuka

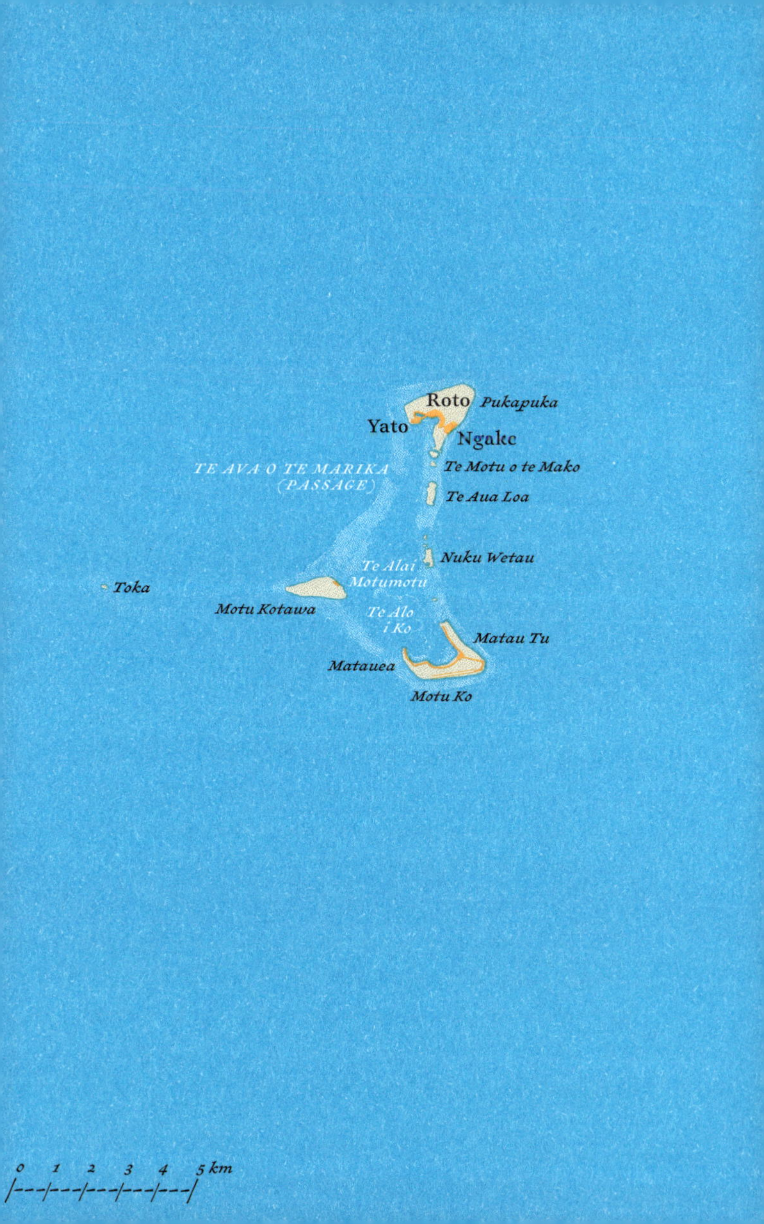

Roto
Pukapuka
Yato
Ngake
TE AVA O TE MARIKA
(PASSAGE)
Te Motu o te Mako
Te Aua Loa
Nuku Wetau
Te Alai
Motumotu
Toka
Motu Kotawa
Te Alo
i Ko
Matau Tu
Matauea
Motu Ko

0 1 2 3 4 5 km

Pukapuka

ROBERT DEAN FRISBIE sitzt auf der Veranda der Handelsstation von Pukapuka. Hinter ihm liegt das halbe Dorf, vor ihm eine kleine Siedlung verstreuter Hütten am Strand. Kinder spielen im seichten Wasser, alte Frauen flechten in der sanften Abendbrise Hüte aus Pandan, und vom Horizont nähern sich die heimkehrenden Kanus der fischenden Männer. // Da kommt plötzlich eine Nachbarin auf ihn zugerannt, vollständig nackt, nass vom Baden, das Haar klebt an ihrer gelbbraunen Haut. Sie ist außer Atem, und während sie hastig nach einem Fläschchen verlangt, heben und senken sich ihre Brüste. Frisbie gibt ihr schnell das Gewünschte, und als sie in der Dämmerung verschwindet, schaut er ihr lange nach, seltsam erregt. Obwohl er schon Jahre hier lebt, hat er sich noch immer nicht an die Nacktheit gewöhnt. In diesem Punkt ist er ganz der Junge aus Cleveland geblieben, der sich eine solche Freizügigkeit, wie sie hier herrscht, niemals hätte vorstellen können: Auf Pukapuka interessiert es niemanden, ob ein Mädchen bei der Heirat noch Jungfrau ist. In ihrer Sprache gibt es nicht mal ein Wort für diesen physiologischen Zustand. Eine Frau, die ein uneheliches Kind gebärt, steigt in der Achtung, erhöht sogar ihre Chancen auf eine Heirat, weil sie ihrem zukünftigen Mann die Fruchtbarkeit bewiesen hat. Die Jugend der drei Dörfer trifft sich nach Einbruch der Dunkelheit am äußeren Strand. Dort raufen sie, tanzen, singen und schlafen miteinander. Das Zusammenkommen von mehr als zwei Menschen ist dabei üblich. Sex ist ein Spiel, für Eifersucht kein Platz. Singen gehört zum Vor- und Nachspiel, wobei die Meinungen der Generationen auseinandergehen: Während die älteren Frauen behaupten, es sei sowohl Bestandteil des Vor- als auch des Nachspiels, bestehen die jüngeren darauf, dass es sich ausschließlich beim Nachspiel schickt. Einig sind sich aber alle darüber, dass während des Geschlechtsaktes nicht gesungen werden sollte. Nach dem Sex baden Frauen und Männer gemeinsam im Meer. // In diesen Dingen hat Pukapuka Cleveland doch was voraus, denkt Robert Dean Frisbie und löscht das Verandalicht.

49° 41' S
178° 46' O

Antipoden-Inseln (Neuseeland)

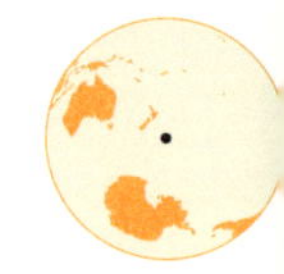

ENGLISCH ursprünglich *Isle Penantipode* [›Penantipoden-Ins

21 km² | unbewohnt

740 km
--/--/--/→ Neuseeland

1000 *2000* *2370 km*
--/--/--/--/--/--/--/--/--/--/-/→ Antarktis

1000 *2000* *2270 km*
--/--/--/--/--/--/--/--/--//→ Raoul-Insel (214)

1500 *1600* *1700* *1800* *1900* *2000*
…/--/…

26. März 1800 entdeckt von Henry Waterhouse

Bollons Islands
210
North Cape
Anchorage Bay
Windwards Islands
NORTH PLAINS
Reef Point
Mount Galloway
366
Cave Point
Leeward Island
Stack Bay
Mount Waterhouse
361
Ringdove Bay
Albatross Point
South Bay
0 1 2 3 4 5 km

Antipoden-Inseln

DIE SEHNSUCHT NACH EINEM HEIMLICHEN Doppelgänger, der auf der anderen Seite der Erde lebt, kopfüber, seine Füße unseren Füßen zugewandt, von der Schwerkraft an dieselbe Kugel gekettet. Unsere Gegenfüßler wohnen in den gleichen Längen, aber entgegengesetzten Breiten, ihre Jahreszeiten sind den unseren gegenüber, ihre Stunden verschoben: Unsere Antipoden haben Sommer, wenn wir Winter, und Mitternacht, wenn wir Mittag haben. Doch hier auf den Antipoden-Inseln leben keine Menschen; zwischen den Felsen lungern nur ein paar Seebären und Pinguine mit buntem Schopf. Das Land liegt dem Nullmeridian von Greenwich fast genau gegenüber, berechnet Captain Henry Waterhouse, als er auf dem Weg von Port Jackson nach England diese Inseln entdeckt. Ein gespiegelter Ort, denkt er, ein winziger Doppelgänger der Britischen Inseln. Seine Geburtsstadt London ist von hier so weit entfernt wie der Nord- vom Südpol; und es wäre völlig egal, welche Route er dorthin nimmt. Weiter weg vom Zentrum der Welt kann er nicht sein. England und dieser Ort sind zwei Endpunkte desselben Kugeldurchmessers, eine gedachte Linie durch den Mittelpunkt der Erde. // Doch die Rechnung geht nicht auf. Seine Heimat sieht anders aus. Das Land hier ist bergig und baumlos, das Klima kalt, stürmisch und rau. Es fehlt die weiche Luft des Golfstroms. Die Rinder, die hergebracht werden, sterben schnell und still in der falben Steppe aus Gras. Und in den Höhlen der ausgefransten Küste verhallt ungehört das donnernde Echo der brechenden Wogen.

1° 18' S
90° 26' W

Floreana

Galapagosinseln (Ecuador)

SPANISCH auch *Santa María*
ENGLISCH veraltet *Charles*

173 km² | 100 Einwohner

50 km
/→ Isabela

1050 km
--/--/--/--//→ Ecuador

830 km
--/--/--/-/→ Kokos-Insel (238)

März 1535 entdeckt von Tomás de Berlanga

1500 *1600* *1700* *1800* *1900* *2000*

1929 Beginn der deutschen Besiedlung

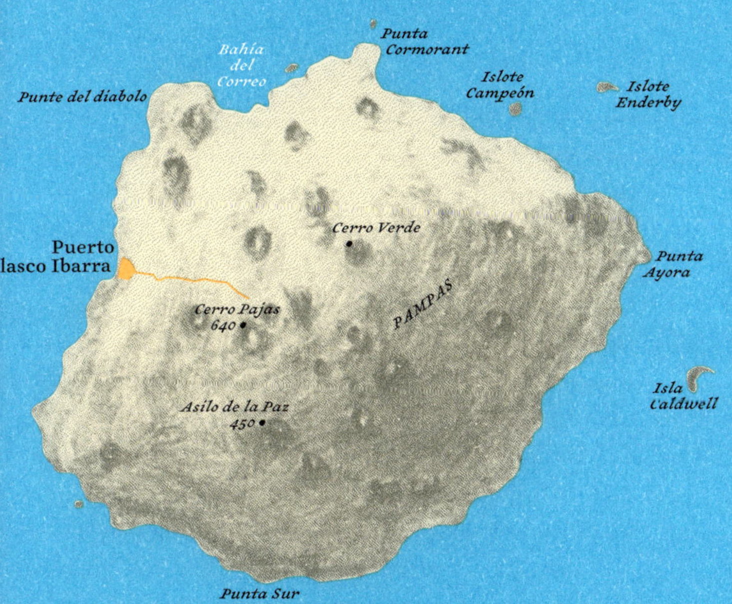
Punta
Cormorant
Bahía
del
Correo
Islote
Campeón
Islote
Enderby
Punte del diabolo
Cerro Verde
Puerto
elasco Ibarra
Punta
Ayora
PAMPAS
Cerro Pajas
640
Isla
Caldwell
Asilo de la Paz
450
Punta Sur

0 1 2 3 4 5 km

Floreana

DRAMATIS PERSONAE: Dore Strauch – eine Lehrerin, zu Höherem berufen als dem Leben an der Seite eines doppelt so alten Gymnasialdirektors, und Dr. Friedrich Ritter – ein Berliner Zahnarzt mit krauser Stirn und flackernden Augen, der das menschliche Hirn kartografieren will und dem die Zivilisation nichts Neues mehr bieten kann. Beide verlassen 1929 ihre Ehegatten, um dorthin zu gehen, wo der Staat aufhört und das Gesetz des Notwendigen herrscht. // Der Ort der Handlung: eine einsame Insel, auf der alle Kolonisierungsversuche gescheitert sind. In dem grünen Krater eines erloschenen Vulkans gründen Friedrich und Dore die Farm *Frido*, bauen eine Hütte aus Wellblech und rostfreiem Stahl und bestellen einen Morgen Land. // Kleidung tragen sie in ihrer Einsiedelei nur, wenn Besuch kommt. Erst sind es Neugierige, die Zeitungen mit Geschichten von *Adam und Eva auf Galapagos* füttern wollen, bald die ersten Nachahmer. *Kaum zu glauben, dass ein so schwer zugängliches Fleckchen Erde wie das unserige so oft aufgesucht wird.* // 1932 betritt eine neue Siedlerin die Freilichtbühne: die Österreicherin Eloise Wagner de Bousquet – selbst ernannte Baronin, eine Lebedame mit großen Zähnen und dünnen Augenbrauen, die auf der Insel ein Luxushotel für Millionäre bauen will, im Schlepptau Kühe, Esel, Hühner, 80 Zentner Zement und zwei Liebhaber: Lorenz, ein schmächtiger Jüngling mit semmelblondem Haar, und Philippson, ein vor Kraft strotzender Kerl, Sklaven ihrer Lüste und Launen. Die Baronin spielt bald Kaiserin, tyrannisiert die Ritters, regiert mit Peitsche und Revolver, quält ihren Lakaien Lorenz und verwundet Tiere, nur um sie danach wieder gesund zu pflegen. Ihr Hotel bleibt ungebaut; die *Hacienda Paradiso* ist nur eine zwischen vier Pfählen gespannte Zeltbahn. // Die Komödie gerät zum Krimi: 1934 verschwindet die Baronin mit Philippson spurlos, Lorenz' Gerippe wird am Strand einer Nachbarinsel gefunden, und Dr. Ritter stirbt an den Folgen einer Fleischvergiftung. Nur Dore kehrt heim nach Berlin. Und die Zeitungen in aller Welt spekulieren über die Galapagos-Affäre: Wer war's?

0° 51' S
169° 32' O

Banaba

(Kiribati)

ENGLISCH auch *Ocean Island* [›Ozeaninsel‹]

6,5 km² | 330 Einwohner

290 km
--/→ Nauru

440 km
--/--/→ Gilbertinseln

1000 *1550 km*
--/--/--/--/--/--/--/→ Howlandinsel (150)

1500 *1600* *1700* *1800* *1900* *2000*

1945 Massaker an 143 Banabaren und Zwangsumsiedlung

1901 gesichtet von Jared Gardner

1900–79 Phosphatabbau

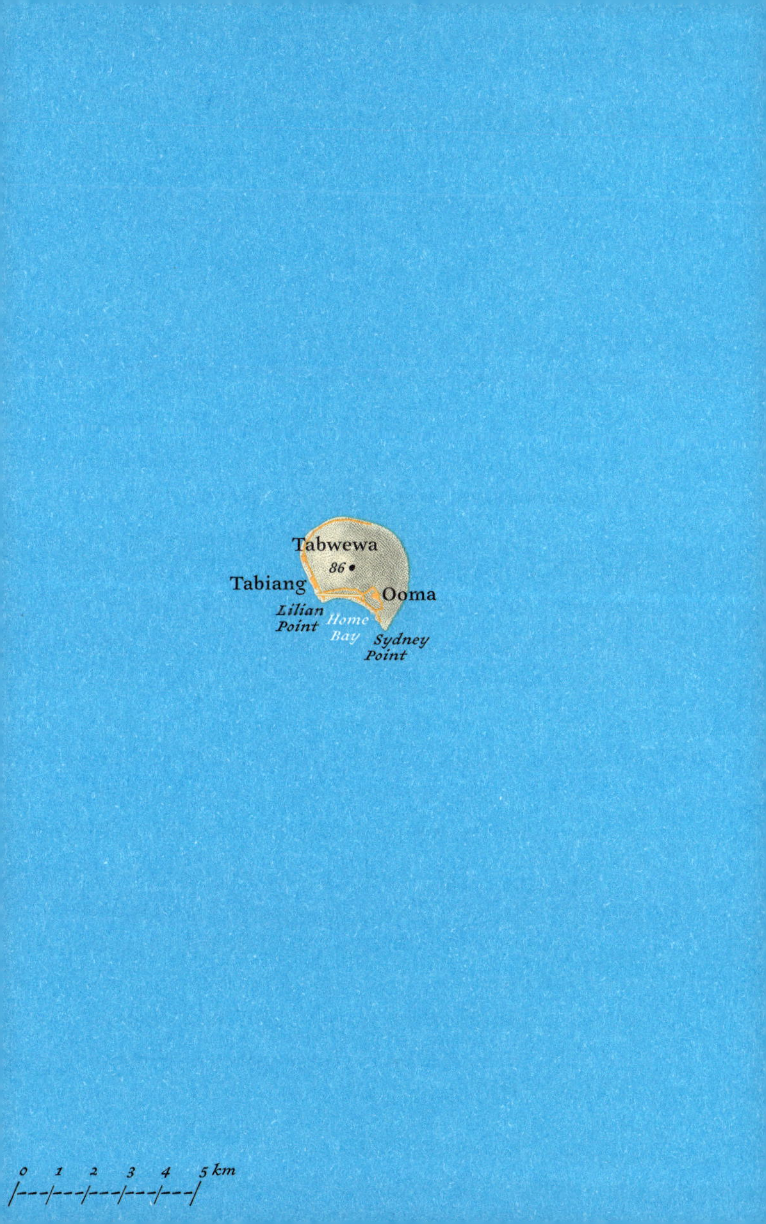

Tabwewa
86
Tabiang
Ooma
Lilian Point
Home Bay
Sydney Point
0 1 2 3 4 5 km

Banaba

DAS WICHTIGSTE WERKZEUG der Banabaren ist aus dem Holz wilder Mandelbäume und dem gespitzten Panzer einer Schildkröte gefertigt. Damit wird die Tinte in die Haut geritzt, eine dunkle Paste aus Kokosnussasche, mit Salz und frischem Wasser vermengt. Der Stil der Verzierungen ist streng vorgegeben. Es sind einfache und doppelte, gerade und gebogene Linien, aus denen Federn wachsen. Der Kopf und die Beine, nahezu der ganze Körper wird tätowiert, eine Vorbereitung für das Jenseits. // Die Seele des Toten wandert nach Westen, wo ihr Nei Karamakuna, die Frau mit dem Vogelkopf, den Weg versperrt und nach ihrer Leibspeise verlangt, den Mustern in der Haut. Mit ihrem mächtigen Schnabel pickt sie die Tinte aus Gliedern und Gesicht. Zum Dank schenkt sie dem Verstorbenen Geisteraugen, sodass er mühelos ins Schattenreich findet. Untätowierten aber pickt sie die Augen aus, fortan müssen sie auf ewig blind umherirren. // Die Banabaren begraben ihre Toten nicht. Sie lassen die Leichen so lange an ihren Hütten hängen, bis ihr Fleisch verwest ist.

Dann erst werden die Gebeine im Meer gewaschen. Der Körper wird vom Kopf getrennt aufbewahrt: die Knochen unter dem Haus, der Schädel unter dem Stein der Terrassen, auf denen die jungen Männer mit den Fregattvögeln spielen. Mit Wurfgeschossen zielen sie tanzend auf das gezähmte Federvieh, bis die Vögel keinen Schritt mehr machen, die Flügel auf den Boden gepresst. // Dabei sind es die Vögel, die dieses Land schufen. Sie nisteten auf einer sanften Erhebung im Meer, hinterließen ihren Kot, der im Wasser versank und im Riff zu phosphorsaurem Kalk versteinerte. Die meterdicke Schicht schob sich langsam über den Meeresspiegel, bildete diese Insel aus reinstem Phosphat.

190 *Pazifischer Ozean*

52° 32' S
169° 9' O

Campbell-Insel (Neuseeland)

ENGLISCH *Campbell Island*

113,3 km² | unbewohnt

660 km
→ Neuseeland

1900 km
→ Antarktis

730 km
→ Antipoden-Inseln (178)

1500 *1600* *1700* *1800* *1900* *2000*

15. Okt. 1995 Schließung der Wetterstation

4. Jan. 1810 entdeckt von Frederick Hasselborough

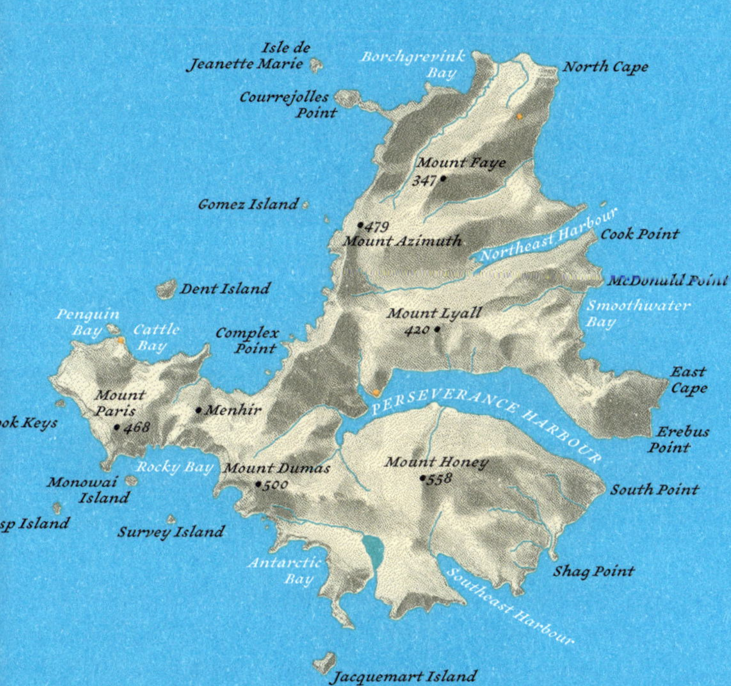
Isle de
Jeanette Marie
Borchgrevink
Bay
North Cape
Courrejolles
Point
Mount Faye
347
Gomez Island
479
Mount Azimuth
Northeast Harbour
Cook Point
McDonald Point
Dent Island
Smoothwater
Bay
Mount Lyall
420
Penguin
Bay
Cattle
Bay
Complex
Point
East
Cape
Mount
Paris
Menhir
PERSEVERANCE HARBOUR
ook Keys
468
Erebus
Point
Rocky Bay
Mount Dumas
Mount Honey
558
500
Monowai
Island
South Point
sp Island
Survey Island
Antarctic
Bay
Shag Point
Southeast Harbour
Jacquemart Island

0 1 2 3 4 5 km

Campbell-Insel

AM 8. DEZEMBER 1874 zieht sich der Himmel zu; in der Nacht darauf wird es wechselhaft und neblig. // Die Wahrscheinlichkeit, hier den Beginn des Venustransits beobachten zu können, lag bei 60 Prozent, und die, das Ende zu sehen, bei 30. Zu diesem Ergebnis war Capitaine Jacquemart gekommen, als er vor einem Jahr beinahe den gesamten Dezember auf dieser Insel verbracht, das Wetter beobachtet und einen geeigneten Ort für das Observatorium gesucht hatte. // Daraufhin hatte die *Académie des sciences* entschieden, das Ereignis hier beobachten zu lassen, und so verließ am 21. Juni eine mit reichlich Regierungsmitteln ausgestattete Expedition unter Leitung des Hydrografen Anatole Bouquet de la Grye den Hafen von Marseille. // Als die Campbell-Insel am 9. September endlich im Dunst auftauchte, stimmte der erste Eindruck die Männer traurig: ein trockener Flecken, nicht die Spur eines Baumes, im Norden eine Hochebene mit gelb gesträhnten Grasbüscheln, im Süden seltsam geformte Bergkuppen, dazwischen der Fjord der Perseverance-Bucht. // Am Vormittag des 9. Dezember weht der Wind von Nordwest und bringt gegen zehn Uhr kleine Schauer; der Himmel ist nun ganz und gar grau, bis die wärmende Sonne den Nebel ein wenig lichtet und sich im dichten Schleier endlich blass ihre weißliche Scheibe abzeichnet. Dann, fünf Minuten vor dem Eintritt der Venus, flaut der Wind ab. Bouquet de la Grye linst durch das Okular des Mittagsrohrs – und jauchzt laut auf, als er die dunkle Stelle am Sonnenrand wahrnimmt, fransig und weich – die Venus. Dann verdeckt eine mächtige Wolke das Jahrhundertereignis, mehr als eine Viertelstunde lang. Als sie vorbeigezogen ist, hat sich der Planet schon bis zur Hälfte vor die Sonne geschoben. Seine Umrisse zeigen sich nun vollkommen klar, ohne Lichtbrechung, ohne Aureole. Allerdings dauert dieser luzide Moment nicht länger als 20 Sekunden. // Dann ist alles vorbei. Dunstbänke steigen auf und machen es unmöglich, die Sonnenscheibe noch einmal zu erspähen. Als es Stunden später aufklart, ist die Venus längst im Taghimmel verschwunden.

6° 13' N
160° 42' O

Pingelap

Karolinen (Mikronesien)

PINGELAP auch *Pelelap, Pingerappu To*

ENGLISCH veraltet *Musgrave* oder *MacAskill Island*

1,8 km² | 258 Einwohner

780 km
--/--/--/--/→ Bikini-Atoll

1000 *1990 km*
--/--/--/--/--/--/--/--/--/→ Papua-Neuguinea

1000 *1250 km*
--/--/--/--/--/--/→ Banaba (186)

1793 vorgefunden von Thomas Musgrave

1775 verwüstet durch den Taifun *Liengkieki*

1500 1600 1700 1800 1900 2000

1820er Jahre Auftreten der Farbenblindheit

2000 Entschlüsselung des Achromatopsie-Gens

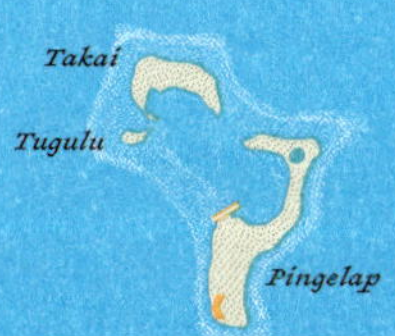

0 1 2 3 4 5 km

Pingelap

SELBST DIE SCHWEINE sind hier schwarz-weiß, so als ob die Tiere für sie gemacht worden sind – für die viele Pingelapesen, die keine Farben sehen können. Nicht das feurige Purpur des Sonnenuntergangs, nicht das Azur des Ozeans, nicht das leuchtend grelle Gelb der reifen Papayafrucht und nicht das schwere Immergrün des dichten Dschungels aus Brotfruchtbäumen, Kokospalmen und Mangroven. // Schuld daran sind eine winzige Mutation auf dem Chromosom Nummer acht und der Taifun *Liengkieki*, der vor Jahrhunderten die Insel verwüstete. Damals starben viele Pingelapesen, nur etwa 20 überlebten die folgende Hungersnot, darunter der Träger des rezessiven Gens, das sich in der nahen Blutsverwandtschaft bald durchsetzte. Heute leiden zehn Prozent der Pingelapesen an totaler Farbenblindheit. Woanders sind es weniger als einer unter 30 000. // Man erkennt sie am gesenkten Kopf, am ständigen Blinzeln, an den zitternden Augen, die sie immer wieder zusammenkneifen, an den Falten über der Nase vom Verengen des Blicks. Sie meiden das Licht, den Tag, verlassen oft erst in der Dämmerung ihre Hütten, deren Fenster sie mit bunten Folien abgeklebt haben. In der Dunkelheit aber werden sie aktiv und bewegen sich freier als alle anderen. // Viele von ihnen behaupten, sich immer an ihre Träume zu erinnern, und einige sagen, sie würden nachts sogar die Fische der dunklen Schwärme im tiefen Wasser sehen, sie an dem schwachen Mondschein erkennen, den die kleinen Flossen reflektieren. // Ihre Welt ist zwar grau, aber sie betonen immer wieder, Dinge sehen zu können, die Farbsehenden verborgen bleiben, eine ungeahnte Vielstimmigkeit von Helligkeiten und Tönungen. Immer wieder empören sie sich über das alberne Gerede über die Pracht der Farben, die – in ihren Augen – vom Wesentlichen nur ablenken würden: dem Reichtum der Formen und Schattierungen, der Strukturen und Kontraste.

27° 9' S
109° 25' W

Osterinsel

(Chile)

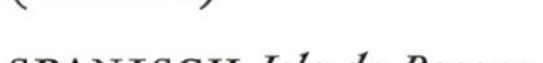

SPANISCH *Isla da Pascua*

RAPANUI *Rapa Nui*, auch *Te Pito o te Henua* [›Nabel der Welt‹]

163,6 km² | 7750 Einwohner

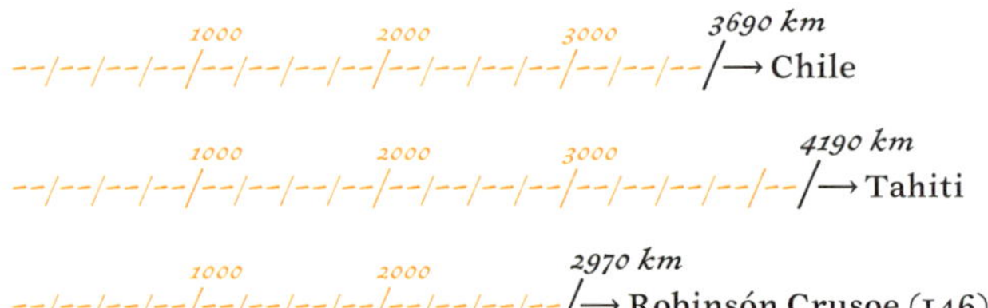

1687 vermutlich gesichtet von Edward Davis

1500 *1600* *1700* *1800* *1900* *2000*

9. Sept. 1888 annektiert von Chile

5. Apr. 1722 (Ostersonntag) vorgefunden von Jacob Roggeveen

Cabo Norte
Punta San Juan
Caleta Anakena
Punta Rosalía
BAHÍA DE LA PÉROUSE
Maunga Terevaka
Maunga Puakatike
370
302
Cerro Puhi
Volcán Rano Raraku
POIKE
Hutuiti
Punta Cook
Maunga O Tu'u
300
anga Roa
Punta Cuidado
Cerro Tuutapu
270
Hanga Piko
Maunga Orito
220
averi
Punta Baja
Punta Redonda
RADA BENEPU
Volcán Rano Kao
Punta Kikiri Roa
Cabo Sur
0 1 2 3 4 5 km

Osterinsel

KEIN WUNDER, dass Darwin hier nicht hielt. Flora und Fauna sind dürftig, die Pracht der verwunschenen Galapagosinseln mit dem Kanu Wochenreisen entfernt. // Wie hoch die Riesenpalmen wirklich waren, die diese Insel einmal dicht bewuchsen, weiß heute niemand mehr. Aus dem Stamm floss ein Saft, der zu honigsüßem Wein vergor, aus dem Holz ließen sich Flöße bauen und Seile für den Transport der Statuen machen. // Diese halslosen Ungeheuer aus Stein, hohläugige Wesen mit langen Ohren, bevölkern die Küste, haben verwitterte Haut und den Mund verzogen wie ein trotziges Kind; Wächter aus vulkanischem Tuff, das Meer im moosbewachsenen Rücken. An Festtagen schauen sie mit weißen Korallenaugen auf die Palmenwälder. // Die zwölf Sippen der Osterinsel liefern sich einen Wettstreit, bauen immer größere Riesen aus Stein und stürzen nachts heimlich die der anderen um. Sie betreiben Raubbau mit ihrem Flecken Land, bringen auch die letzten Bäume zu Fall, sägen den Ast ab, auf dem sie sitzen, der Anfang vom Ende: Entweder sterben sie gleich an eingeschleppten Pocken, oder sie werden Sklaven im eigenen Land, Leibeigene der Pächter, die aus ihrer Insel eine riesige Schafsfarm machen. Von Zehntausenden überleben nur 111 Einwohner. Keine Palme steht mehr, die steinernen Wächter liegen am Boden. // Archäologen richten die Ungetüme wieder auf und suchen nach Spuren. Sie graben nach Samen, durchwühlen Abfallhaufen, sammeln Knochen und verkohltes Holz, versuchen die furchenwendigen Zeilen des Rongorongo zu entziffern und in den versteinerten Gesichtern zu lesen, was hier geschah. // Kein Baum wächst heute mehr auf dem öden Land, das entstanden ist aus 70 Vulkanen. Dafür ist das Rollfeld so gewaltig, dass ein Space Shuttle darauf notlanden könnte. Ein Paradefall für das ausgemachte Ende der Erde, eine Kette unglücklicher Umstände, die zur Selbstvernichtung führte, ein Lemming im Stillen Ozean.

25° 3' S
130° 6' W

Pitcairn

(Vereinigtes Königreich)

ENGLISCH *Pitcairn Island*

PITKERN *Pitkern Ailen*

4,5 km² | 40 Einwohner

480 km → Gambierinseln

1000 *2120 km* → Tahiti

1000 *2070 km* → Osterinsel (198)

1500 *1600* *1700* *1800* *1900* *2000*

2. Juli 1767 entdeckt von Robert Pitcairn

Jan. 1790 Besiedlung durch die *Bounty*-Meuterer

1856 Evakuierung auf die Norfolkinsel

2002–05 Vergewaltigungsprozess

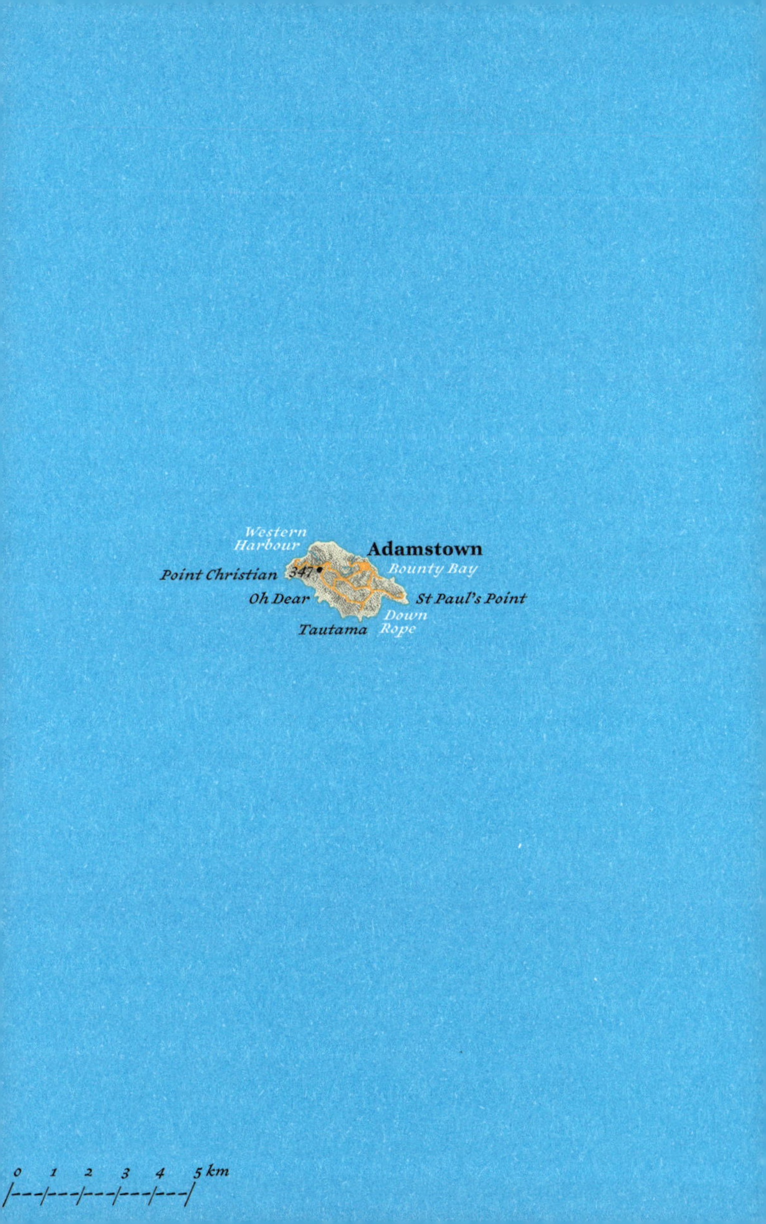

Western Harbour
Adamstown
Bounty Bay
Point Christian
347
Oh Dear
St Paul's Point
Down Rope
Tautama

0 1 2 3 4 5 km

Pitcairn

ES GIBT KEIN BESSERES VERSTECK als diese Insel, fernab von den Handelsrouten, falsch verzeichnet auf den Karten der Admiralität. Sie haben gemeutert, ob zu Recht, darüber soll die Nachwelt richten. Eine Heimkehr gibt es nicht – nicht für diese Männer, nicht für ihre von Tahiti verschleppten Frauen. In England würde man sie einsperren, auf Pitcairn aber sind sie ausgesperrt. *Hier zu bleiben, ist nur eine andere Art zu sterben*, sagt Fletcher Christian, als sie abends am Feuer sitzen, einem Feuer, mit dem zwei der Matrosen in der Nacht die *Bounty* in Brand setzen, die Heimkehr verhindern, den Tod am Galgen. Master's Mate Christian wird Opfer einer zweiten Meuterei. Weitere werden folgen. // *Ich möchte herausfinden, was mit den Seeleuten nach der Meuterei geschah. Warum gingen sie auf die Insel Pitcairn und brachten sich im Verlauf von zwei Jahren gegenseitig um? Was ist an der menschlichen Natur, das Männer selbst auf einer Paradiesinsel gewalttätig macht? Das ist es, was mich interessiert!*, sagt Marlon Brando und lässt sich in einem rechtsverbindlichen Vertrag die künstlerische Kontrolle über eine Filmsequenz zusichern. Es ist die Sterbeszene Christians: Da liegt er, ist nur noch ein Kopf, zum Kinn reicht die hochgezogene Decke, die seine Brandwunden verhüllt. Das Gesicht ist nass vom Schweiß und voller rußiger Flecken, weiß leuchten die aufgerissenen Augen in der Dunkelheit, die Brauen heben, senken sich, und Marlon Brandos Mund fragt zitternd, ob er, Fletcher Christian, sterben wird. Eben war der Mann noch eine Diva mit Pomade und Parfüm, ein Dandy in der Südsee, der im seidenen Schlafrock oder Spitzenjabot mit blecherner Stimme und einer rosa Blüte hinterm Ohr durch das 70-Millimeter-Panorama schlendert und immer wieder seinen eingeübten britischen Akzent vergisst. *Wie nutzlos, all das*, sagt er jetzt. Das Gesicht friert ein, der Blick bricht. Die Kamera macht einen Schwenk, und die brennende *Bounty* versinkt im schwarzen Meer. Die glitzernden Vorhänge treffen sich in der Mitte. Der teuerste Film aller Zeiten ist zu Ende. Die Geschichte noch lange nicht.

51° 57' N
179° 38' O

Semisopochnoi

Ratteninseln (Vereinigte Staaten)

RUSSISCH *Semisopochnoi* [›hat sieben Hügel‹]
ALEUTISCH *Unyax* oder *Hawadax*

221,7 km² | unbewohnt

1000 *1190 km*
→ Kamtschatka

1000 *1360 km*
→ Kap Newenham

850 km
→ St. Georg (226)

1741 entdeckt von Vitus Bering

1500 1600 1700 1800 1900 2000

2018–19 Vulkanische Eruptionen

Petrel Point
North Head
Northeast Point
Anvil Peak 1221
PERRET RIDGE
Mount Cerberus 774
Ragged Top
Sugarloaf Peak 855
Sugarloaf Knob
Sugarloaf Head
0 1 2 3 4 5 km

Semisopochnoi

EIN SILBENKLANG wie eine Zauberformel, ein russischer Name für amerikanisches Land: Semisopochnoi – vielleicht der westlichste Punkt der Vereinigten Staaten. Niemand will es genau herausfinden. Nichts ist hier wirklich wichtig. Niemals lebte hier jemand – jemals. Es gäbe auch keinen Grund dafür. Nur manchmal kommen ein paar Experten, sammeln Steine, vermessen die Krater und machen Panoramafotos, auf denen die Höhenzüge aussehen wie im Kino. Ein paar Polarfüchse trollen sich im Unterholz und starren die seltenen Besucher lange an, kennen keine Angst vor den unbekannten Wesen. Ihr Fell ist von einem makellosen tiefen Blau. Dieses Siebenhügelland ist nur eine aus der Reihe tanzende Perle, ein ausgebrochenes Glied der losen Kette, die zwei Kontinente miteinander verbindet, ein wirkliches Hinterland, später erforscht als die Neue Welt. // Hier – über dem pazifischen Feuerring – redet die Erde mit sich selbst, von Menschen weitgehend unbemerkt. Immer wieder kommt es zu Vulkanausbrüchen, die niemanden bedrohen. Der Höllenhundberg ist der lebhafteste. Er wacht mit drei Gipfeln über das schüttere Bergland, das der immerwährend bedeckte Himmel purpurn färbt. Ein paar der Krater stoßen ab und an kleine Rauchfahnen aus, aber das können auch Wolken sein, die an den Gipfeln hängen bleiben.

210 *Pazifischer Ozean*

10° 18' N
109° 13' W

Clipperton-Atoll (Frankreich)

FRANZÖSISCH *Île Clipperton*
oder *Île de la Passion* [›Passionsinsel‹]

1,7 km² | unbewohnt

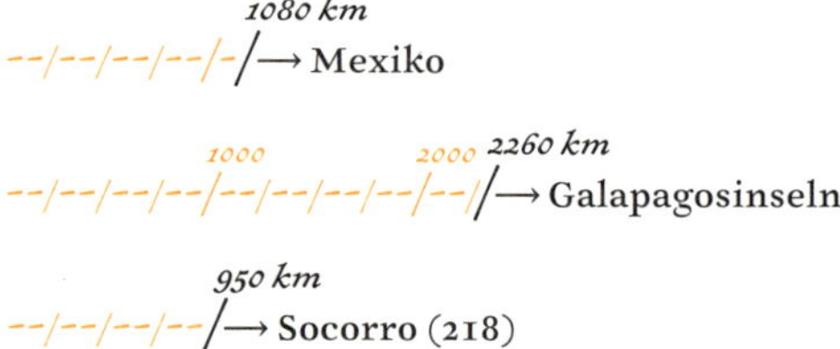

1892–97 Guanoabbau der *Oceanic Phosphate Company*

1500 1600 1700 1800 1900 2000

3. Apr. 1711 (Karfreitag) entdeckt von Martin de Chassiron und Michel du Boca

Baie
de la
Pince
Grand
Récif
Le Rocher

0 1 2 3 4 5 km

Clipperton-Atoll

DAS SCHIFF AUS ACAPULCO bleibt aus. Ein amerikanischer Kreuzer bringt die Nachrichten: In der Welt tobt der Krieg, in Mexiko das Chaos. Man hat sie vergessen. Ihr General regiert nicht mehr. // Auf der ganzen Insel wächst kein Gras. Unter einer Handvoll Palmen liegen ein Dutzend dürre Schweine, Nachkommen einer gestrandeten Horde. Sie ernähren sich von Kokoskrebsen, die zu Millionen die Insel bevölkern. Kein Schritt ist zu machen, ohne dass man auf einen orangen Panzer tritt. Es knirscht, als der Gouverneur Capitán Ramón de Arnaud über seine Insel geht. Wie immer trägt er eine österreichische Paradeuniform, seine Frau eine elegante Robe, Diamanten an den Händen und um den Hals. An diesem Tag verkündet er: *Eine Evakuierung ist nicht nötig. Befehl ist Befehl.* Die Garnison bleibt: 14 Männer, sechs Frauen und sechs Kinder. Kein Schiff kommt, keins aus Acapulco, keins von sonst woher. Die Vorräte gehen zur Neige. Skorbut bricht aus: Das Zahnfleisch blutet, die Wunden eitern, die Muskeln schwinden, die Gliedmaßen faulen, das Herz versagt. Die Toten vergraben sie tief, um sie vor der Gier der Krebse zu schützen. // Irgendwann erträgt der Gouverneur das Kreischen der Seevögel und das Rauschen des Meeres nicht mehr. Als er glaubt, Schiffe zu sehen, setzt er ein kleines Boot aus. Mit ihm zusammen ertrinken die übrig gebliebenen Soldaten. Jetzt gibt es nur noch einen Mann auf der Insel, Victoriano Álvarez, den ehemaligen Wärter des erloschenen Leuchtturms. Er ruft sich zum König aus, zum König von Clipperton, nimmt Mätressen, vergewaltigt und tötet, regiert fast zwei Jahre lang. // Am 17. Juli 1917 erschlagen die Frauen ihn mit einem Hammer und massakrieren sein Gesicht. Da taucht am Horizont ein Schiff auf. Frauen und Kinder winken ihm, während sich die Krebse auf den Weg zum Leuchtturm machen, angelockt vom frischen Blut. Ein Beiboot landet am alten Kai der *Phosphate Company*, und die vier überlebenden Frauen verlassen mit ihren winzigen Kindern das einsamste Atoll der Welt. Der orangefarbene Krebsring der Lagune ist von der *USS Yorktown* aus noch lange zu sehen.

29° 16' S
177° 55' W

Raoul-Insel

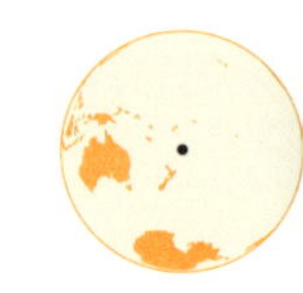

Kermadecinseln (Neuseeland)

ENGLISCH veraltet *Sunday Island* [›Sonntagsinsel‹]

29,4 km² | 7 Bewohner

910 km
--/--/--/-/→ Tonga-Inseln

980 km
--/--/--/--/→ Neuseeland

1000 *1370 km*
--/--/--/--/--/-/→ Norfolkinsel (170)

21. Nov. 1964 Vulkanausbruch

1500 *1600* *1700* *1800* *1900* *2000*

18. März 1793 entdeckt von Joseph Bruny d'Entrecasteaux

1937 Eröffnung der Naturschutzwarte

Napier Island
Meyer Islands
Herald Islets
Hutchinson Bluff
Meteorological Station
455
Pukekohu
DENHAM BAY
Moumoukai
516
Prospect
498
Lava Point
Wilson Point
Nash Point
Smith Bluff
D'Arcy Point

0 1 2 3 4 5 km

Raoul-Insel

JEDES JAHR schickt das neuseeländische *Department of Conservation* einen Mitarbeiter für zwölf Monate auf die sonst unbewohnte Insel. Neun Freiwillige unterstützen ihn über die Sommer- oder Wintermonate und bleiben bis zu einem halben Jahr. Aber: *Nicht jeder ist für das Leben auf einer so einsamen Insel wie Raoul geeignet*, gibt das Department in seiner Informationsbroschüre zu bedenken: *Um hier zurechtzukommen, sind schon besondere Fähigkeiten vonnöten. Er oder sie hat praktisches Geschick an den Tag zu legen: Die Arbeiten reichen vom Unkrautziehen bis zur Pfadpflege und von Hausreparaturen bis zum Brotbacken.* // *Das Raoul-Freiwilligen-Programm bietet Gelegenheit, eine abgelegene Insel mit einem einzigartigen Ökosystem kennenzulernen, aber auch eine Reihe von Herausforderungen. Die Gegend ist vulkanisch sehr aktiv – Erdbeben gehören also zum Alltag –, das Gelände schroff und steil und die Arbeit meist ermüdend und monoton. Eine wesentliche Aufgabe besteht zum Beispiel darin, nichtheimische Pflanzen auszurotten.* // *Einmal vor Ort, bleibt einem nichts anderes übrig, als die gesamte Zeit zu bleiben. Post wird nur selten von vorbeikommenden Flugzeugen der* RNZ Air Force *und privaten Booten gebracht. Man braucht 24 Stunden zur nächsten Notfallstation.* // *Raoul-Freiwillige sollten anpassungsfähig und verhalten abenteuerlustig sein und sich mit sich selbst beschäftigen können sowie es zu schätzen wissen, in einem kleinen Team arbeiten zu dürfen.* // *Die Bewerber müssen in guter körperlicher Verfassung sein und sich ohne Weiteres in einem unwegsamen Waldgebiet zurechtfinden können. Klettererfahrung und handwerkliche Begabung sind von Vorteil.* // *Bewerbungen sind zu richten an: Department of Conservation, PO Box 474, Warkworth, Neuseeland.*

218 *Pazifischer Ozean*

18° 47' N
110° 58' W

Socorro

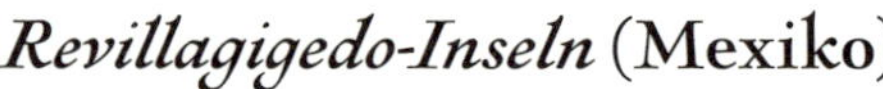

Revillagigedo-Inseln (Mexiko)

SPANISCH auch *Isla Santo Tomás*,
veraltet *Isla Anublada* [›Wolkige Insel‹]

131,9 km² | 250 Bewohner

50 km
/→ San Benedicto

460 km
--/--/→ Niederkalifornien

1000 *2000* *300* *8460 km*
--/--/--/--/--/--/--/--/--/--/--/--/--/--/…/→ Midwayinseln (250)

21. Dez. 1533 entdeckt von Hernando de Grijalva

1957 Errichtung der Militärbasis

1500 *1600* *1700* *1800* *1900* *2000*

Anfang der 1920er Jahre George Hugh Bannings Besuch

Cabo Middleton
Pedra Oneal
Cabo Henslow
Volcán Evermann 1130
Punta Tosca
Cabo Pearce
Caleta Grayson
Base Naval
Cabo Regla
Bahía Braithwaite
0 1 2 3 4 5 km

Socorro

ALS SIE IN DIE Braithwaite-Bucht einlaufen, liegt die Insel da wie ein verriegeltes Haus. Das Wasser scheint tot, der nasse Steinstrand glänzt kalt unter Lavaklippen und buschborstigen Hügeln, und ein Matrose, der am Abend einen kurzen Ausflug an Land unternimmt, kommt niedergeschlagen zurück, als hätte er etwas besonders Trostloses gesehen. // Am nächsten Tag macht sich George Hugh Banning, Zweiter Steuermann der *Velero II*, in aller Herrgottsfrühe auf, die Insel zu erkunden, und streift allein durch das verdorrte Land. Auf einem Plateau entdeckt er Schafe, die – durch den Eindringling in plötzliche Panik versetzt – die Abhänge hastig hinuntertrampeln und im Dickicht verschwinden. Es sind die verwilderten Nachfahren einer kleinen Herde, die hier einst von Walfängern ausgesetzt wurde. Woher sie Wasser nehmen, ist ein Rätsel, denn der amerikanischen Admiralität zufolge gibt es auf Socorro keins. Banning folgt ihnen, bahnt sich seinen Weg durch das Gestrüpp, ein Irrgarten aus meterhohen Dornenranken, zerborstenen Baumstümpfen und verwelkten

Weinreben. Jeder Schritt ist ein Knacken und Krachen; jedes Knacken ein Kratzer; jedes Krachen ein Stoß, und jedes Stolpern bedeutet Kaktusstacheln in Knöcheln, Waden und Händen. Immer wieder muss er auf Knien durch das spröde Unterholz kriechen und über stachelige Auswüchse der Feigenkakteen klettern. Bald ist er im tiefsten Busch, so undurchdringlich, dass auch kein Schaf hierher gelangt. Banning sieht sich um. Das hier ist kein Wald mehr, das ist die Wildnis. Kein Licht dringt durch das dichte Blattwerk, hier herrscht ewige Dämmerung. Mächtige Schlangen scheinen sich durchs Geäst zu winden, jeder kahle Baum äfft ein gequältes Wesen nach, lauter nackte Gestalten, die ihn von allen Seiten bedrängen. So muss die Hölle aussehen. // Als Banning das Gefühl befällt, sich auf seinen Irrgängen selbst zu begegnen, greift er hastig nach seinem Dolch und rennt los, von Angst gepackt, von Verzweiflung getrieben, zertritt alles auf seinem Weg, kämpft sich durch den Urwald, bis er endlich wieder im Freien steht – atemlos und von Kratzern entstellt.

222 *Pazifischer Ozean*

24° 47' N
141° 19' O

Iwojima

Vulkaninseln (Japan)

JAPANISCH *Iōtō* [›Schwefelinsel‹]

ENGLISCH *Sulphur Island* [›Schwefelinsel‹]

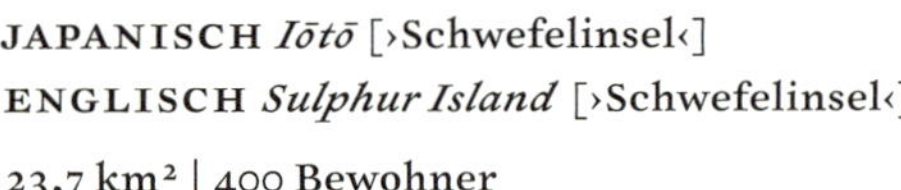

23,7 km² | 400 Bewohner

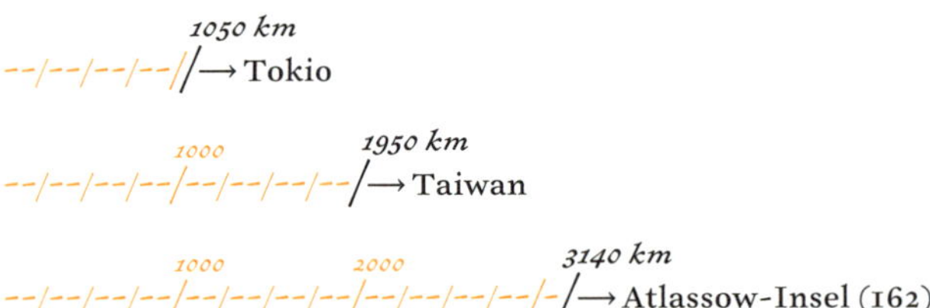

19. Februar–26. März 1945 Schlacht um Iwojima

1500 1600 1700 1800 1900 2000

1968 Rückgabe an Japan

Kitano-hana
Hiraiwa-
wan
Kangoku-iwa
MOTO-
YAMA
169
Suribachi-yama
Tobiishi-hana
0 1 2 3 4 5 km

Iwojima

DER HORIZONT IST SCHIEF, der Himmel verhangen – von Wolken oder den Rauchschwaden explodierender Minen und Bomben. Auf dem Gipfel des Suribachi rammen sechs Soldaten eine beflaggte Stange in den Trümmerboden, stemmen sie mit aller Kraft in die Höhe, gesichtslose Gestalten, die einander stützen; einer kniet im aufgewühlten Schutt, ein anderer greift in die Luft, Joe Rosenthal drückt ab: Ein vier Hundertstelsekunden langer Moment am 23. Februar 1945, das berühmteste Kriegsfoto aller Zeiten. // Sie geben das Leben für die Flagge eines fernen Landes; es ist der Mut einer Geste, ein elendes Stellvertretertum: Sterne und Streifen, blau und weiß und rot, Hand aufs Herz. Die Amerikaner besetzen die höchste Erhebung, einen vertrockneten Aschekegel, ein 169 Meter hoher Auswuchs an der Südspitze einer winzigen Insel, die plötzlich strategisch bedeutsam geworden ist – ein unsinkbarer Flugzeugträger, groß genug für Start- und Landebahnen zukünftiger Bomber, nah am Feindesland. // Es ist das Bild eines vorab behaupteten Sieges. Denn noch ist die Insel nicht erobert, die Schlacht nicht gewonnen. Der Feind lauert eingegraben im vulkanischen Boden und wirft Handgranaten aus dem löchrigen Untergrund. Das Labyrinth aus 1000 künstlichen Höhlen wird zur Totenkammer von 20000 japanischen Soldaten. // Die Filmspule wird nach Guam geflogen und im Hauptquartier des *Wartime Still Picture Pools* entwickelt. Es dauert keinen Tag, bis die Ikone entdeckt wird: ein Foto wie eine Statue, auf Hochformat beschnitten. Der Fernschreiber überträgt es in die Heimat. Sofort wird es das Titelbild aller Sonntagszeitungen, ein paar Monate später eine Briefmarke, zehn Jahre danach das größte Bronzedenkmal der Welt auf einem Soldatenfriedhof bei Washington: zehn Meter hohe Soldaten auf einem Sockel aus Granit. // Diese Pathosformel gehört ab jetzt zu jeder Schlacht: Drei Feuerwehrmänner hissen die Flagge in den staubigen Ruinen eines Septembers, der Suribachi-Gipfel heißt jetzt Ground Zero.

56° 35' N
169° 36' W

St. Georg

Pribilof-Inseln (Vereinigte Staaten)

ENGLISCH *St. George Island*

90 km² | 101 Einwohner

1000 *1240 km*
--/--/--/--/--/--/→ Anchorage

1000 *1630 km*
--/--/--/--/--/--/--/-/→ Kamtschatka

1000 *2000* *3000* *4260 km*
--/--/--/--/--/--/--/--/--/--/--/--/--/--/--/--/--/--/…/→ Einsamkeit (4

25. Juni 1786 entdeckt von Gawriil Pribylow

1500 *1600* *1700* *1800* *1900* *2000*
…/--/…

1786 Ausrottung der Steller'schen Seekuh

Suskaralogh Point
St. George
High Bluffs
First Bluffs
MAYNARD HILL
Tolstoi Point
Rush Point
309
202
ULAKAIA HILL
Sea Lion Point
ZAPADNI BAY
Garden Cove
SOUTH HILL
Cascade Point

0 1 2 3 4 5 km

St. Georg

IHRE GESTALT WAR SELTSAM und wunderbar zugleich. An den Ufern dieser Insel, hier – im äußersten Meer – muss sie gelebt haben, die nordische Seekuh, die lebend nur von Georg Steller gesehen wurde, und von den Jägern, die sie später ausrotteten. Was von ihr blieb, sind ein paar Gerippe, zwei Fetzen Haut und Stellers Bericht, den er 1741 niederschrieb, als er mit Vitus Berings zweiter Kamtschatka-Expedition Schiffbruch erlitt: Das Borkentier gehört zur Gattung der *Sirenia*. Tatsächlich hat die Seekuh den gegabelten Schwanz und die Brüste einer Meerjungfrau. Ihre zentimeterdicke Haut fühlt sich an wie die Rinde uralter Eichen; der Rücken ist haarlos, schwarz und glatt, der Nacken voller Runzeln. Ihre Ärmchen sind zu Stumpen verkümmerte Flossen. Der Kopf ist keinem anderen Tier ähnlich; klein und viereckig sitzt er ohne Hals auf dem ungeheuren Körper; die Nasenlöcher ähneln den Nüstern eines Pferdes, die Ohren sind nichts als zwei winzige Löcher, die wimpernlosen Augen nicht größer als die eines Schafes; die Iris ist schwarz, die Augenkugel gelbblau. // Im zahnlosen Maul zermalmen zwei Kauplatten das Meergras, das die unersättliche Kuh ununterbrochen in Ufernähe weidet. Dabei ragt ihr riesiger Leib zur Hälfte aus dem Wasser. Auf dem Rücken hocken oft Möwen und befreien sie von lästigem Ungeziefer. Alle vier bis fünf Minuten holt sie schnaubend Luft. Ist sie satt, dreht sie sich auf den Rücken und lässt sich treiben. // Diese Meereswesen begatten sich nur an ruhigen Frühlingsabenden bei stillem Wetter, *auf Art der Menschen. Der Mann liegt oben, das Weib unten*, notiert Steller. Dabei umarmen sie sich wechselseitig. // Seekühe sind von Natur aus zahm: *Ist ihnen großes Leid geschehen, so tun sie nichts anderes, als dass sie sich vom Ufer entfernen, gar bald aber vergessen sie es und kommen wieder.* Sie nähern sich dem Land oft so nah, dass man sie leicht streicheln, aber auch totschlagen kann. Stumm ist dieses Tier, gibt keinen Laut von sich. Nur wenn es verwundet wird, seufzt es kurz auf.

12° 18' S
168° 50' O

Tikopia

Santa-Cruz-Inseln (Salomonen)

TIKOPIA-ANUTA *Tikopia*

4,7 km² | 1285 Einwohner

210 km
--/--/→ Vanikoro

1100 km
--/--/--/--/-/→ Fidschi

1000 *1540 km*
--/--/--/--/--/--//→ Nukulaelae (246)

1928/29 erste Feldforschung durch Raymond Firth

1500 *1600* *1700* *1800* *1900* *2000*

1606 vorgefunden von Pedro Fernández de Quirós

Dez. 2002 Verwüstung durch den Zyklon *Zoe*

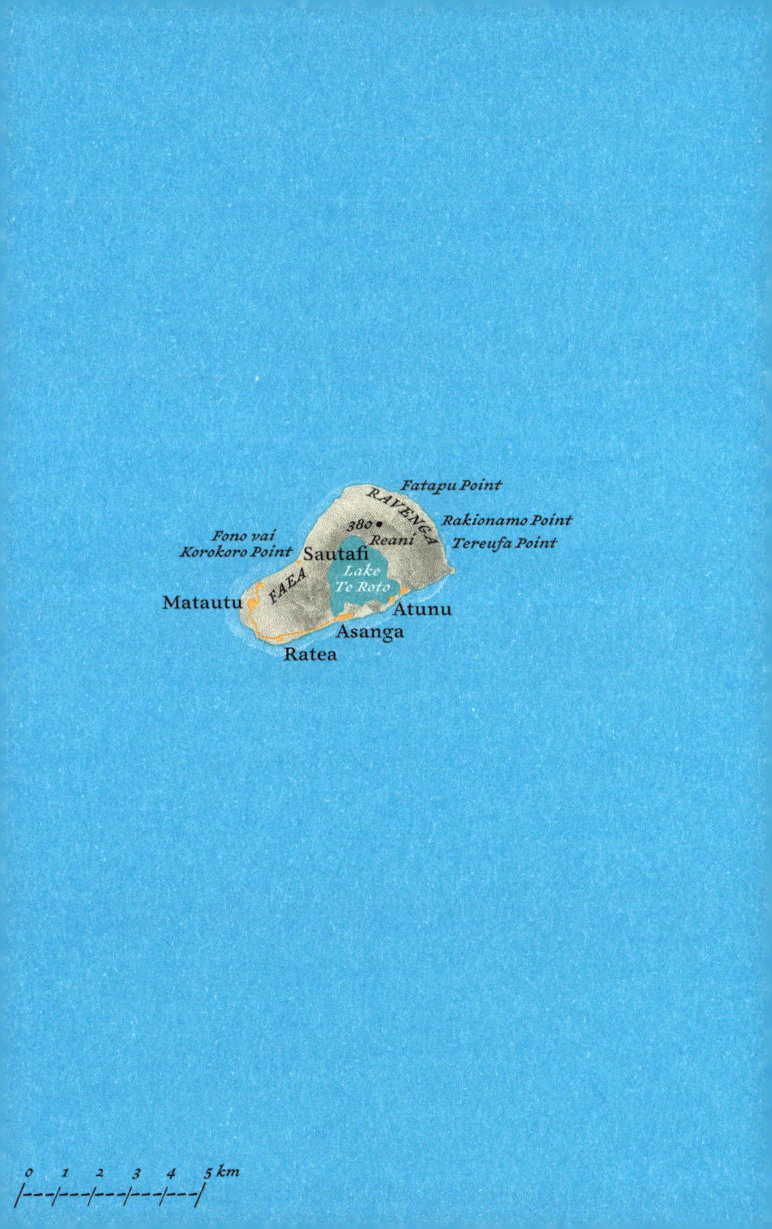

Fatapu Point
RAVENGA
380 •
Reani
Rakionamo Point
Tereufa Point
Fono vai
Korokoro Point
Sautafi
Lake
Te Roto
FAEA
Matautu
Atunu
Asanga
Ratea

0 1 2 3 4 5 km

Tikopia

SEIT 3000 JAHREN LEBEN Menschen auf diesem Eiland, so klein, dass der Ozean selbst von der Inselmitte zu hören ist. Die Tikopier fangen Fische in dem Brackwassersee und Schalentiere aus dem Meer. Sie bauen Yamswurzel, Bananenbäume und den riesigen Sumpftaro an und vergraben Brotfrüchte für schlechtere Zeiten in der Erde. Das reicht für zwölfhundert Menschen – aber nicht für mehr. // Wenn ein Wirbelsturm oder eine schwere Dürre die Ernte zerstört, entscheiden sich viele für den schnellen Tod. Unverheiratete Frauen erhängen sich oder schwimmen aufs offene Meer hinaus, und manche Väter unternehmen mit ihren Söhnen eine Seereise im offenen Kanu, von der sie nicht zurückkommen. Lieber sterben sie auf hoher See, als dass sie langsam an Land verhungern. // Jedes Jahr wieder predigen die Häuptlinge der vier Stämme das Ideal eines Bevölkerungs-Nullwachstums. Alle Kinder einer Familie sollen von dem Grundbesitz leben können. Also gründen nur die ältesten Söhne Familien. Die jüngeren bleiben allein und achten bei ihren Vergnügungen darauf, dass sie keine Kinder zeugen. Die Männer fühlen sich verpflichtet, die Empfängnis zu verhüten, unterbrechen den Akt, und die Frauen – wenn dies nichts nützt – pressen vor der Niederkunft heiße Steine auf den Bauch. // Eltern bekommen keine Kinder mehr, wenn ihr ältester Sohn alt genug ist zum Heiraten. Dann fragt der Mann seine Frau: *Wessen Kind ist es, für das ich Essen vom Feld holen muss?* Er entscheidet, ob es leben darf. *Die Plantagen sind klein. Lass uns das Kind töten, denn wenn es lebt, wird es keinen Garten für ihn geben.* Das Neugeborene wird auf das Gesicht gelegt, damit es erstickt und von alleine stirbt. Für diese Kinder gibt es kein Begräbnis, sie haben noch nicht teilgenommen am Leben auf Tikopia.

18° 7' N
145° 46' O

Pagan

Marianen (Vereinigte Staaten)

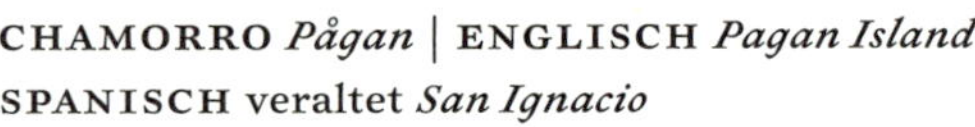

CHAMORRO *Pågan* | ENGLISCH *Pagan Island*
SPANISCH veraltet *San Ignacio*

47,2 km² | 7 Einwohner

310 km → Saipan

2670 km → Manila

840 km → Iwojima (222)

1669 vorgefunden von Diego Luis de Sanvitores

1981 Evakuierung wegen eines Vulkanausbruchs

2015 Initiierung eines Wiederansiedlungsprogramms

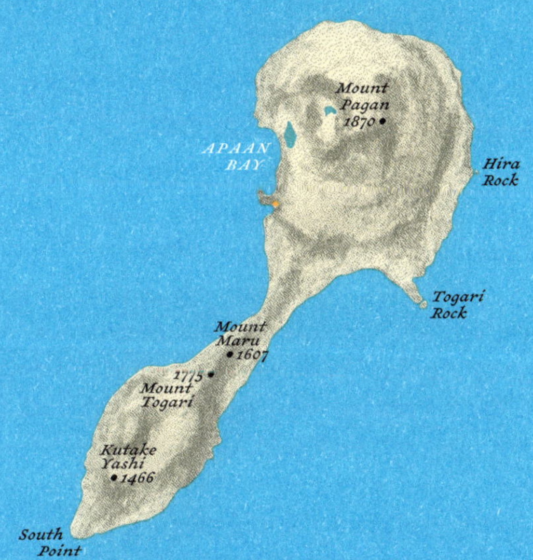
Mount
Pagan
1870
APAAN
BAY
Hira
Rock
Togari
Rock
Mount
Maru
1607
1775
Mount
Togari
Kutake
Yashi
1466
South
Point

0 1 2 3 4 5 km

Pagan

DORT, WO SICH die pazifische Platte unter die philippinische schiebt und der Marianengraben kilometertief in die Erde klafft, erhebt sich eine unterseeische Bergkette, das höchste Gebirge der Welt, und ragt mit rauchenden Vulkangipfeln aus dem Meer. // Zwei dieser Feuerberge bilden Pagan, eine doppelte Insel, von einer Landenge zusammengehalten. An der schmalsten Stelle ist sie nur einige Hundert Meter breit. // Am Fuße des nördlichen Pagan-Berges, nahe einer sichelförmigen Bucht, liegt das Dorf Shomushon. Seine Bewohner, Angehörige der Chamorro, wollen evakuiert werden, weil seit einiger Zeit Rauch aus dem Gipfel steigt und die Erde immer wieder zu beben beginnt. Aber man beachtet sie nicht. Der Vulkan sei nicht gefährlich, heißt es immer wieder. // Am 15. Mai 1981, es ist ein Freitag, bricht er aus, speit Feuer, schleudert Steine und schießt Fontänen aus Lava in die Höhe. Es regnet Asche, riecht nach Schwefel und verbrannter Erde. Die Pfahlhütten Shomushons erzittern, und durch die Palmenwälder nähert sich eine leise knackende Lawine aus

Glut. Der Bürgermeister funkt noch über Kurzwelle: *Es ist so weit! Kommt uns holen!*, ehe die 53 Dorfbewohner ins Meer fliehen, zu einem Boot schwimmen und zum südlichen Teil der Insel paddeln. Sie finden Schutz hinter einem Gebirgskamm und beten, dass der glühende Strom sie verschont. Der Himmel über ihnen ist schwarz wie Ruß. // Es ist ein Wunder, dass man sie findet. Ein japanischer Frachter nimmt sie an Bord. Auf Saipan beginnen sie nahe des Krankenhauses ein neues Leben, nicht ohne sich in ihren Betonhäusern nach der Insel zu sehnen. // Wenn es das Wetter erlaubt und es eine Schiffsverbindung gibt, kehren sie für ein paar Wochen oder Monate nach Pagan zurück, bewohnen blecherne Hütten, fangen Kokosnusskrabben oder wilde Schweine und gehen fischen. // Manchmal auf der Jagd begegnen sie dem scheuen braunschwarzen Vogel, der seine Eier von der noch immer warmen Vulkanerde ausbrüten lässt.

5° 32' N
87° 4' W

Kokos-Insel

(Costa Rica)

SPANISCH *Isla del Coco*

23,9 km² | unbewohnt

550 km
--/--/--/⟶ Puntarenas

1000 km
--/--/--/--/--/⟶ Kolumbien

1000 *2000* *2500 km*
--/--/--/--/--/--/--/--/--/--/--/--/⟶ Clipperton-Atoll (210)

1526 entdeckt von Juan Cabezas

1500 *1600* *1700* *1800* *1900* *2000*

11. November 1897 August Gissler wird Gouverneur der Insel

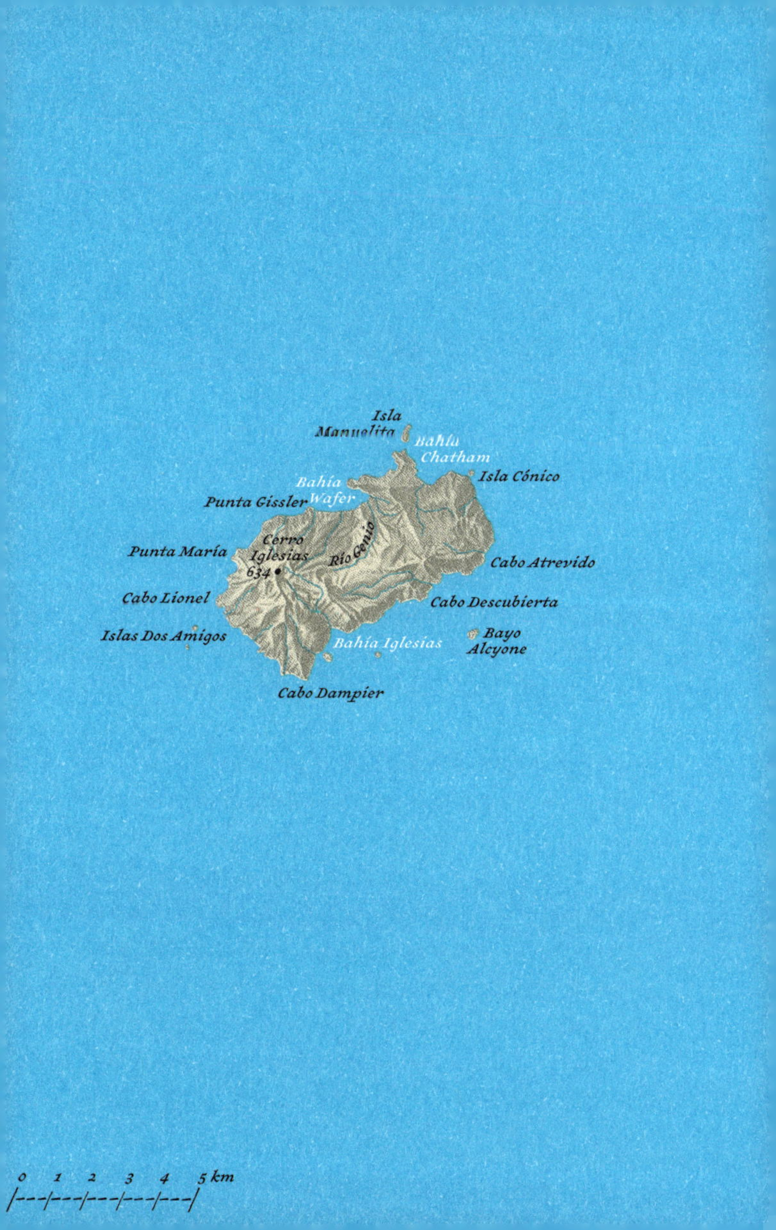

Isla
Manuelita
Bahía
Chatham
Isla Cónico
Bahía
Wafer
Punta Gissler
Cerro
Iglesias
634
Río Genio
Punta María
Cabo Atrevido
Cabo Lionel
Cabo Descubierta
Bayo
Alcyone
Islas Dos Amigos
Bahía Iglesias
Cabo Dampier

0 1 2 3 4 5 km

Kokos-Insel

EINE INSEL, zwei Karten, drei Schätze. August Gissler ist sich sicher, es heben zu können, das Raubgold der Kaperfahrten schwarz beflaggter Schiffe: Edward Davis' Diebesgut, Benito Bonitos Beute und den Kirchenschatz von Lima mit der mannshohen Madonna aus massivem Gold. // Der Fabrikantensohn aus Remscheid, der lieber Matrose wurde als Direktor einer Papierfabrik, betrachtet die Kreuze auf den Karten und studiert die Wegbeschreibungen: *Im nordöstlichsten Winkel der Wafer-Bucht, in einer kleinen Grotte am Fuße des Dreizackfelsens, 200 Fuß hinter der Flutlinie.* Er ist 32 Jahre alt, als er an dieser Stelle den Spaten in den Boden rammt und auf nichts als feuchte Erde stößt, ein großer Mann mit hellen Augen und vollem Bart. Gissler gräbt ein Loch nach dem anderen, so tief, bis er mit den Knöcheln im Grundwasser steht, und so groß, dass man Schiffe darin begraben kann, aber keinen Traum. // In Hafenspelunken kauft er weitere Karten, Erbstücke von Piratenenkeln, mit alten und neuen Kreuzen, frische Gruben im dunklen Lehm. Mit Pickel und

Schaufel zieht er buddelnd seine Kreise und wirbt in der Heimat mit frisch gedruckten Aktienpapieren der eigens gegründeten *Cocos Plantation Company* für das Eiland aus Gold. Sechs deutsche Familien und seine Ehefrau folgen ihm, siedeln in den Buchten der Regenwaldinsel, bauen Blockhütten, pflanzen Kaffee, Tabak und Zuckerrohr, graben und graben und finden nichts. // Drei Jahre später sind die Gisslers wieder allein, Herrscher verborgener Reichtümer. Suchen ist seliger denn finden, denkt Gissler, und jedes leere Loch nur ein Beweis dafür, dass der Schatz woanders liegen muss, irgendwo auf diesem 2400 Hektar großen Stück Land. // Als er 1905 diesen Flecken umgegrabener Erde für immer verlässt, reicht ihm sein Bart bis zur Hüfte. 16 Jahre hat er hier verloren. Alles, was er fand, waren 30 Golddukaten und ein goldener Handschuh. Kurz bevor er am 8. August 1935 in New York stirbt, sagt er noch: *Ich bin sicher, es liegen große Schätze auf der Insel. Aber es wird viel Zeit und Geld kosten, sie zu heben. Wenn ich jung wäre, würde ich noch einmal von vorne anfangen.*

4° 45' S
156° 59' O

Takuu

(Papua-Neuguinea)

TAKUU auch *Tauu*

ENGLISCH auch *Mortlock Islands*

1,4 km² | 316 Einwohner

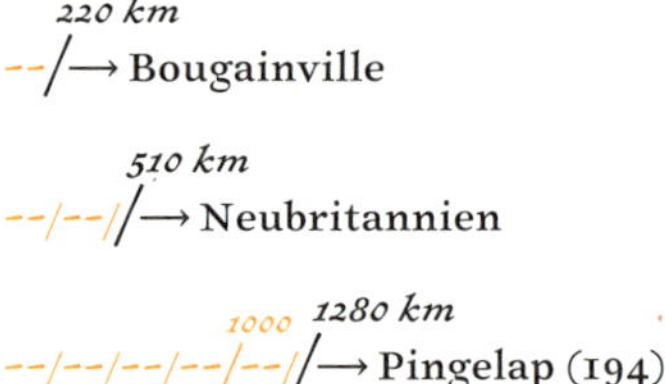

19. Nov. 1795 gesichtet von James Mortlock

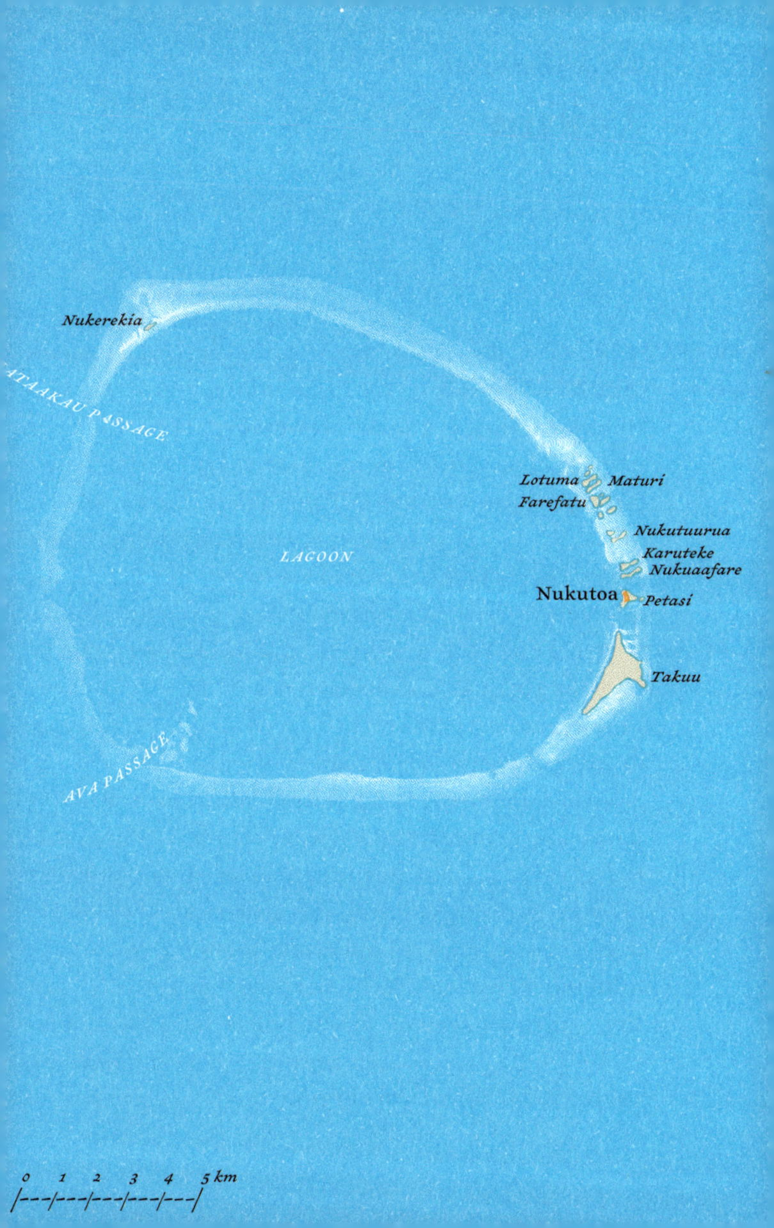

Nukerekia
ATAAKAU PASSAGE
LAGOON
Lotuma
Maturi
Farefatu
Nukutuurua
Karuteke
Nukuaafare
Nukutoa
Petasi
Takuu
AVA PASSAGE
0 1 2 3 4 5 km

Takuu

MANCHE BEHAUPTEN, ATLANTIS – das Wahngebäude aller Taucher und Archäologen – sei nur ein Traum der Holothurien, jener unförmigen Seegurken, die auch den weichen Schlamm am Meeresgrund vor Takuu durchpflügen. Gelangweilt von ihrem Dasein, das aus nichts anderem besteht, als Sediment zu verdauen und weiterzuwalzen, hätten sie jene fatale Sage eines untergegangenen Reichs ersonnen, die seither in der menschlichen Vorstellungswelt schwelt – sei es als Erinnerung oder als Zukunftsvision. // Lange schon wird prophezeit, auch Takuu habe keine Zukunft, der Meeresspiegel steige, der Ozean fresse das Land, entwurzele Kokospalmen, versalze das Grundwasser und verderbe die Ernte. Immer wieder kommen Filmteams, Forscherinnen und Beamte, die das angenagte Ufer im Westen fotografieren, die Deiche aus zementierten Palmenstümpfen und großmaschigen Netzen, gefüllt mit Korallenschutt, Gestrüpp und Müll – und sich ausmalen, wie all das aussehen wird, wenn eine große Flut es unter sich begräbt. // Doch bisher hat Takuu noch jeden vorhergesagten Untergang überstandanden, auch wenn Te Laki jetzt früher beginnt und länger dauert, die Saison jener starken Nordwestwinde, die viel Regen bringen – und gewaltige Wellen, die den Sand von den Stränden abtragen und die wenigen Männer, die nicht zum Geldverdienen fortgegangen sind, dazu zwingen, auf dem vorgelagerten Riff im Osten zu fischen. // Noch unvorhersehbarer als das Wetter ist nur die Ankunft des Schiffes, das selten öfter kommt als zweimal im Jahr. Sobald es vor Takuu ankert, ruht die Fischerei und wird erst wieder aufgenommen, wenn alle Reis- und Mehlvorräte aufgebraucht sind. // Die weißen und schwarzen Holothurien sammelt man am besten bei leichter Brise aus Südost vom Kamm des Riffs. Von dem Geld, das die Seegurken auf dem Markt in Ontong Java erzielen, bezahlen die Einwohner Schulgebühren und Treibstoff für Außenbordmotoren, kaufen Generatoren und Fiberglaskanus oder chartern ein Motorboot, das die gefährliche Überfahrt nach Baku wagt. Wenn es das Wetter erlaubt, denn es behält immer recht, nicht die Vorhersage.

9° 23' S
179° 51' O

Nukulaelae

(Tuvalu)

[›Land des Sandes‹] | veraltet *Mitchell's Group*

1,8 km² | 300 Einwohner

1530 km → Vanuatu

120 km → Funafuti

2580 km → Takuu (242)

1865–90 deutsche Kokosplantage auf Niuoku

1972 Zyklon Beb

1500 1600 1700 1800 1900 2000

1863 Sklavenhändler entführen zwei Drittel der Bevölkerung

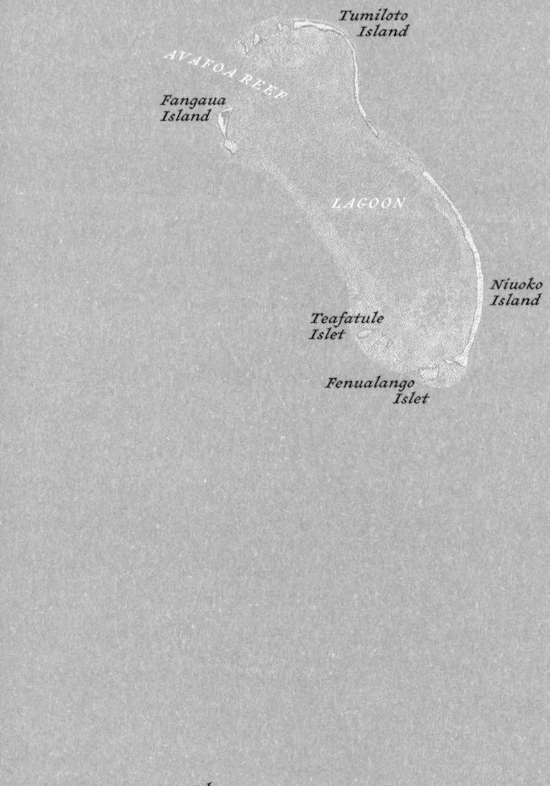

Tumiloto Island

AVAFOA REEF

Fangaua Island

LAGOON

Niuoko Island

Teafatule Islet

Fenualango Islet

0 1 2 3 4 5 km

Nukulaelae

ENDE MAI 1863 ankern zwei Segelschiffe vor der Lagune. Die Fremden bieten den Einwohnern lukrative Arbeitsverträge an – auf einer Kokosplantage oder in den Goldminen Kaliforniens. Doch sie stoßen auf taube Ohren, weil die Nukulaelaener sehnlichst auf einen Pastor warten, der ihnen zwei Jahre zuvor von dem gestrandeten Missionar Elekana versprochen wurde. // Erst als es heißt, man bringe sie an einen Ort, an dem sie mehr über Gott erführen, besteigen alle, die bei Kräften sind, die Beiboote, nehmen ihre Auslegerkanus oder schwimmen kurzerhand hinaus und gehen an Bord: Frauen, Männer, Kinder – im Blätterrock. Es sind Hunderte. Jene, die die zwei Monate lange Passage überleben, sich bald in den Guano-Gruben der Chincha-Inseln vor der peruanischen Küste wiederfinden und wünschen, sie wären nie geboren worden. Denn so segensreich sich die von der heiß-trockenen Witterung gehärteten Exkremente der Kormorane auf den britischen Rübenbau auswirken, so teuflisch reizt das beim Abbau aufsteigende Ammoniak Augen und Atemwege der aus Südseeinseldörfern und chinesischen Hafenstädten verschleppten Menschen. // Mit Spitzhacke und Schaufel tragen sie die knochenbleichen Hügel Schicht für Schicht ab, hundert Schubkarren am Tag, die sie zu den Depots nahe der Klippen hieven müssen. Halb blind von den Dämpfen, entgeht ihnen, wie jener Teil der fruchtbar furchtbaren Fracht, der beim Verladen nicht im Pazifik versinkt, am Horizont auf Lastkähnen verschwindet. Hunderttausende Tonnen im Jahr gehen nach Liverpool – und es ist nicht ausgeschlossen, dass sie dabei auf ihrer Route jenes Schiff des Hamburger Handelshauses *Joh. Ces. Godeffroy & Sohn* kreuzen, das zwei Jahre später, im Mai 1865, den ersehnten Pastor zu dem entvölkerten Atoll Nukulaelae bringt. // Mit an Bord: ein deutscher Kapitän, der von den wenigen Überlebenden unter zweifelhaften Bedingungen die größte ihrer Laguneninseln pachtet, um dort eine Kokosplantage zu betreiben – mit einer kleinen Schar von Leiharbeitern aus Samoa.

Midwayinseln *Hawaii-Archipel* (Vereinigte Staaten)

ENGLISCH *Midway Atoll*

HAWAIISCH *Pihemanu Kauihelani* [›Lärmendes Vogelgezeter‹]

6,2 km² | 40 Bewohner

1000 2000 3000 4000 *5000 km* → Kalifornien

1000 2000 3000 *4000 km* → Japan

1000 *2060 km* → Taongi (166)

1500 1600 1700 1800 1900 2000

1940–93 US-Luftwaffenstützpunkt

1859 entdeckt

seit 1988 Naturschutzgebiet

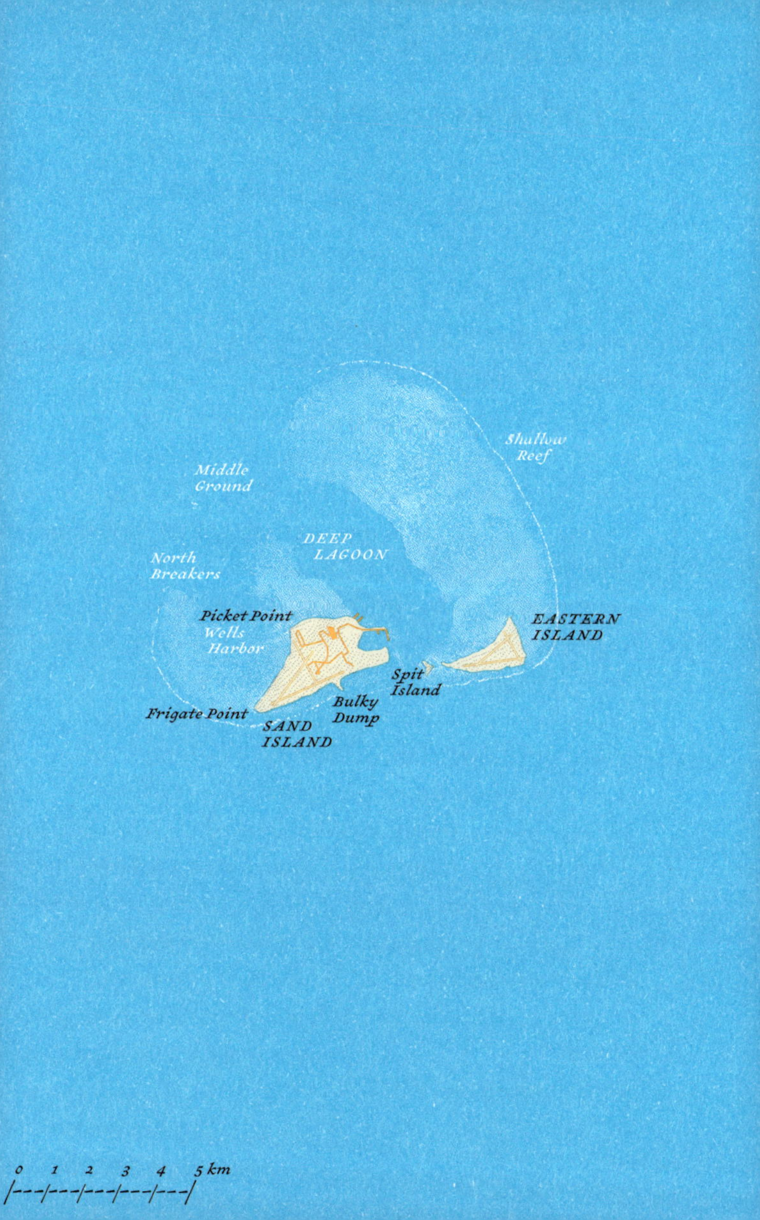

Shallow Reef

Middle Ground

DEEP LAGOON

North Breakers

Picket Point

Wells Harbor

EASTERN ISLAND

Spit Island

Bulky Dump

Frigate Point

SAND ISLAND

0 1 2 3 4 5 km

Midwayinseln

HIER, AUF HALBER Strecke zwischen zwei hoch entwickelten Industrienationen, liegen einige von sonnengelb blühendem, dornig krautigem Strauchwerk und Millionen brütender Albatrosse besiedelte Sandflecken, am Rande des Großen Nordpazifischen Müllterritoriums, das sich allen herkömmlichen Vermessungen und Klassifizierungen entzieht: Weder Land noch Untiefe ist es, weder Strudel noch Kreisel, weder Teppich noch Brei – doch zweifelsohne ein Imperium, gerade weil kein Staat seine wuchernde Herrschaft anerkennt. // Dabei geben seine diversen Delegationen an den windigen Stränden Midways schon lange bunte Paraden mit polyfonen Sprechchören, deren künstliche Stimmen durch das Gekreisch der unentwegt lärmenden Seevögel dringen: *Wir sind gut, so gut, Treibgut sind wir! Wir kommen voran, wir kommen herum, verschmelzen und verkleben, verwachsen und verbinden, überwinden alle Grenzen, schleusen uns ein, wuchern und verstopfen, bis uns Verwesung und Gezeiten wieder ans Tageslicht spülen. Anpassungsfähig und verformbar, polymorph und polyglott, wie wir sind – tintenfischrosa, krillorange, quietschgelb, transparent. Schick, charmant und abwaschbar, das sind wir, Wohlstand, Ruin, das fossile Fundament des Kapitalismus, der Triumph der Petrochemie, pure, höchstverdichtete Energie! Und so praktisch: Wir schmieren das System, befeuern das Klima, ölen Motoren und Mägen, sehen gut aus. Dabei sind wir alt, uralt: Hunderte Millionen Jahre alte komprimierte Sonne, schweißtreibend gefördert, kurz begehrt, schon aussortiert, aber immer noch da! // Ganz langsam verspröden wir in Strahlung und Strömung, sinken nieder, zersetzen uns, unendlich langsam, fossilieren, driften ab. Der Ozean nimmt uns wieder auf. Plankton zu Polymeren! Polymere zu Plastikpartikeln! Mikroplastik zu Plankton! Recycling, aber richtig! Fotosynthese rückwärts! Der große Kreislauf, die totale Metamorphose! Aus energiereich wird nährstofflos. Fast wie Zauberei! Magische Materie! Egal, ob Koralle oder Schildpatt, Elfenbein oder Knochen, wir machen alles nach – und bauen alles um, solange die schwarze Sonne, die uns nährt, noch liefert.*

ANTARKTISCHER OZEAN

Laurie-Insel

Deception-Insel

Peter-I.-Insel

Franklin-Insel

256 *Antarktischer Ozean*

60° 44' S
44° 31' W

Laurie-Insel

Südliche Orkneyinseln (Antarktis)

ENGLISCH *Laurie Island*

SPANISCH *Lauría*

86 km² | 14–45 Bewohner

810 km
→ Südgeorgien

1280 km
→ Falklandinseln

250 km
→ Deception-Insel (260)

6. Dezember 1821 entdeckt von George Powell und Nathaniel Palmer

1500 *1600* *1700* *1800* *1900* *2000*

21. März–26. November 1903 Überwinterung der National-Schottischen Antarktisexpedition

Mabel Island
Cape Valavielle
MACDOUGAL BAY
Cape Mabel
Fraser Point
Cape Geddes
PIRIE PENINSULA
Buchanan Point
BROWNS BAY
CUTHBERTSON SNOWFIELD
339
Robertson
JESSIE BAY
Sheila Cove
Point Lola
EWER PASS
FITCHIE BAY
MELVILLE HIGHLANDS
537
Mount Ramsay
Base Orcadas
Point Moreno
WILTON BAY
SCOTIA BAY
Cape Whitson
Cape Anderson
Acuña Island
Murray Islands
Cape Murdoch
BUCHAN BAY
Cape Hartree
Ailsa Craig
0 1 2 3 4 5 km

Laurie-Insel

MIT ALLAN GEORGE RAMSAY geht es zu Ende. Schon auf der Fahrt von Troon zu den Kapverdischen Inseln hatte er hin und wieder ein Ziehen in der Brust verspürt, das später – als sie sich für ein paar Wochen auf den Falklandinseln aufhielten – immer häufiger und heimtückischer auftrat, sodass er es schließlich nicht mehr leugnen konnte: Er, der Chefmechaniker der *Scotia*, war ernsthaft krank. Aber Ramsay beschloss, es niemandem zu sagen. Denn was hätte er tun sollen? Sich beim Expeditionsleiter melden, um bei der nächstbesten Gelegenheit heim nach Schottland geschickt zu werden, noch dazu wissend, dass hier im Nirgendwo niemals Ersatz für ihn zu finden gewesen wäre? Er hatte keine Wahl. Und außerdem hatte er es mit eigenen Augen sehen wollen, die weißen Wände des Südens, die treibenden Berge aus Eis, das antarktische Land. // Er sah es im Februar, als sie nicht weiter südlich vordringen konnten und sich für eine Überwinterung auf dieser Insel entschieden. Als sie nach einigen Tagen endlich eine sichere Bucht fanden, hatte er schon nicht mehr arbeiten können.

Und während die anderen die *Scotia* in einen Mantel aus Schnee hüllten, zwei Hütten bauten, die Pinguinkolonie systematisierten und meteorologische sowie magnetische Untersuchungen anstellten, verbrachte Ramsay die meiste Zeit an Bord, in wollene Decken gewickelt, an den Kabinenofen gekauert. Am 6. August 1903 stirbt er an Herzversagen. Zwei Tage später versenken sie seinen Leichnam am steinigen Nordstrand der Scotia-Bucht, im Schatten eines Berges, dem sie seinen Namen geben. Sämtliche Mitglieder der National-Schottischen Antarktisexpedition und einige Adeliepinguine machen ihre Aufwartung. Und der Laborassistent Kerr spielt im Kilt auf dem Dudelsack das schottische Klagelied: *Beim Melken der Schafe habe ich den Gesang gehört / das Singen der Mädchen vor des Tages Dämmerung / jetzt aber klagen sie bei jedem verdorrten Grün: / Die Blumen des Waldes sind alle verwelkt / Die Blumen des Waldes, die stets ganz vorne kämpften / der Stolz unseres Landes liegt kalt im Lehm.*

62° 57' S
60° 38' W

Deception-Insel

Südliche Shetlandinseln (Antarktis)

ENGLISCH *Deception Island* [›Täuschungsinsel‹]

SPANISCH *Isla Decepción*

98,5 km² | unbewohnt

20 km
/→ Livingston-Insel

100 km
-/→ Antarktische Peninsula

1000 *1490 km*
--/--/--/--/--/--/→ Peter-I.-Insel (268)

1967–70 Vulkanausbrüche

15. Nov. 1820 entdeckt Nathaniel Palmer die Einfahrt in die Caldera

1500 *1600* *1700* *1800* *1900* *2000*

1906–31 Walfangstation

29. Jan. 1820 vermutlich gesichtet von Edward Bransfield und William Smith

KENDAL TERRACE
Macaroni Point
Goddard Hill
332
Telefon Bay
Pendulum Cove
STONETHROW RIDGE
Mount Pond
539
PORT FOSTER
Fumarole Bay
Baily Head
Base Decepción
Sewingmachine Needles
Gabriel de Castilla Station
Neptunes Window
NEPTUNES BELLOWS
Mount Kirkwood
452
Entrance Point
New Rock
South Point
Låvebrua Island
0 1 2 3 4 5 km

Deception-Insel

DIE EINFAHRT ist leicht zu verfehlen, der Eingang in die Caldera nicht mal 200 Meter breit. Hier, in Neptuns Blasebalg, der Höllenpforte, dem Drachenmaul, stürmt es ununterbrochen. Dahinter aber liegt, unter dem schlummernden Vulkan versteckt, einer der sichersten Häfen der Welt: die Bucht der Walfischfänger. Neu Sandefjord nennen die Bewohner diesen Ort, die südlichste Trankocherei der Welt, Drehscheibe des Walfangs mit eigener Flotte, zwei Dreimastern, acht kleinen und zwei großen Walfischdampfern. Abgesehen von ein paar chilenischen Heizern leben hier 200 Norweger und eine Frau: Marie Betsy Rasmussen, das erste und einzige weibliche Wesen, das bisher in die Antarktis kam, Gattin von Kaptein Adolf Amandus Andresen, dem Geschäftsführer einer der drei Gesellschaften, die hier seit zwei Jahren den Walfang betreiben. // Die Saison dauert von Ende November bis in die letzten Tage des Februars hinein. Sie jagen mit neuen Fangmethoden, die im Norden erprobt worden sind. Mit Sprengladungen versehene Harpunen kommen aus Kanonen des Vorderdecks geschossen, bohren sich in die Rücken der großen Tiere, die alle Walfänger schon von Weitem unterscheiden können: Der Buckelwal stößt einen niedrigen Wasserstrahl aus und trägt auf dem Rücken einen Höcker. Der Finnwal ist durch einen steilen Strahl zu erkennen. Den wertvollsten unter ihnen aber, den Blauwal, verraten seine Rückenflosse und ein hoher Blas. Bis zu sechs Tiere erbeutet ein Dampfer und schleppt sie abends in die Bucht. Am schwarzen Strand brechen die Walfänger die vollen Bärte aus den Mäulern, ziehen die glänzende Haut ab, trennen den Speck vom Fleisch und verkochen das weiße Gold in riesigen Bottichen zu Tran. Die Kessel werden nicht mit Kohle, sondern mit toten Pinguinen beheizt, die sie vom Baily Head fangen. // Den Rest lassen sie verkommen. Am Strand ragen die weißen Zäune der Walskelette aus dem dunklen Sand, das Wasser ist rot vom Blut und die Luft durchdrungen vom Gestank des fauligen Fleisches. Tausende geplünderte Körper verwesen im überfluteten Kraterbecken.

76° 5' S
168° 19' O

Franklin-Insel

(Antarktis)

ENGLISCH *Franklin Island*

33 km² | unbewohnt

70 km
-/→ Victorialand

150 km
-/→ Ross-Insel

1000 *2000* *2410 km*
--/--/--/--/--/--/--/--/--/--/--/-/→ Macquarieinsel (154)

27. Jan. 1841 entdeckt von James Clark Ross

1500 *1600* *1700* *1800* *1900* *2000*
…/--/…

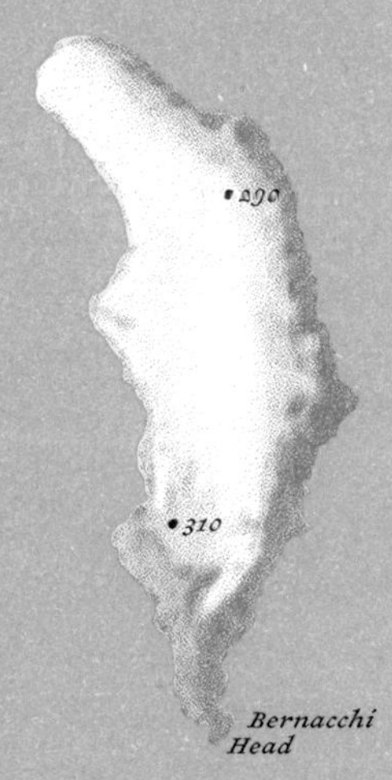

0 1 2 3 4 5 km

Franklin-Insel

DIE HMS TERROR und die *HMS Erebus* haben sich im Eis bewährt. Die Mörserträger sind unelegant wie Schuhkartons, aber sie haben robuste Rümpfe und 15 Tonnen schwere Dampfmaschinen im gepanzerten Bauch. Es sind Kriegsschiffe, umgerüstet für die Schlacht gegen das Eis. Eines Morgens – als sich der Nebel endlich lichtet – liegen sie in einer tiefen, weißen Bucht, die bis zu einer Insel reicht. Captain James Clark Ross verlässt, von einigen Offizieren begleitet, die *Erebus* und rudert auf die Insel zu, gefolgt von Commander Francis Crozier mit einer Gruppe von der *Terror*. Die Brandung ist hoch und heftig, sodass der Captain in ein Walboot umsteigt, von dem er in einem waghalsigen Manöver auf einen Felsen springt. Die anderen kommen mithilfe eines Seils nach. Es ist so kalt, dass eine Eisschicht die Steine überzieht. // Die Insel besteht aus nichts als Lavagestein. An der Nordwand durchziehen einige Fuß breite, makellos weiße Streifen die schwarzen Klippen. Nirgends das geringste Anzeichen von Vegetation. Zu aller Zufriedenheit tauft Captain Ross die

Insel nach Franklin, zu Ehren seiner Exzellenz Sir John der Royal Navy, Seeheld von Trafalgar, derzeitiger Gouverneur von Van-Diemens-Land und Polarforscher, der noch immer von der Nordwestpassage träumt. Vier Jahre später wird Franklin sie suchen, die Abkürzung durch das Eis, den Weg in den Orient. Für diese Expedition kommen nur zwei Schiffe infrage: die *Terror* und die *Erebus*. Das Kommando der *Terror* geht an Francis Crozier, erster Offizier, der ewige Zweite. Vor der Nordküste der King-William-Insel werden sie vom Eis eingeschlossen. Vergeblich wartet die Welt auf Nachricht. Es beginnt die größte Suchaktion der Geschichte. // Auch Captain Ross macht sich auf, mit Schiffen und Schlittenhunden. Er wird Sir John nicht finden, nicht seinen Freund Crozier, nicht die beiden Bombarden, mit denen er hier die antarktische Küste vermisst, die *Terror* und die *Erebus*. Der Schrecken und die Finsternis bleiben verschollen. Eine kleine Insel aus Lavagestein ist Franklins Denkmal, sein Grab aber liegt unter Eis am anderen Pol.

68° 53' S
90° 34' W

Peter-I.-Insel (Antarktis)

RUSSISCH *Ostrow Petra I*

NORWEGISCH *Peter I Øy*

156 km² | unbewohnt

420 km
--/-/→ Antarktis

1000 *1850 km*
--/--/--/--/--/--/--/-/→ Kap Hoorn

1000 *2000* *3040 km*
--/--/--/--/--/--/--/--/--/--/--/--/--//→ Franklin-Insel (264)

2. Feb. 1929 erstmalig betreten von Ola Olstad

1500 *1600* *1700* *1800* *1900* *2000*

21. Jan. 1821 entdeckt von Fabian Gottlieb von Bellingshausen

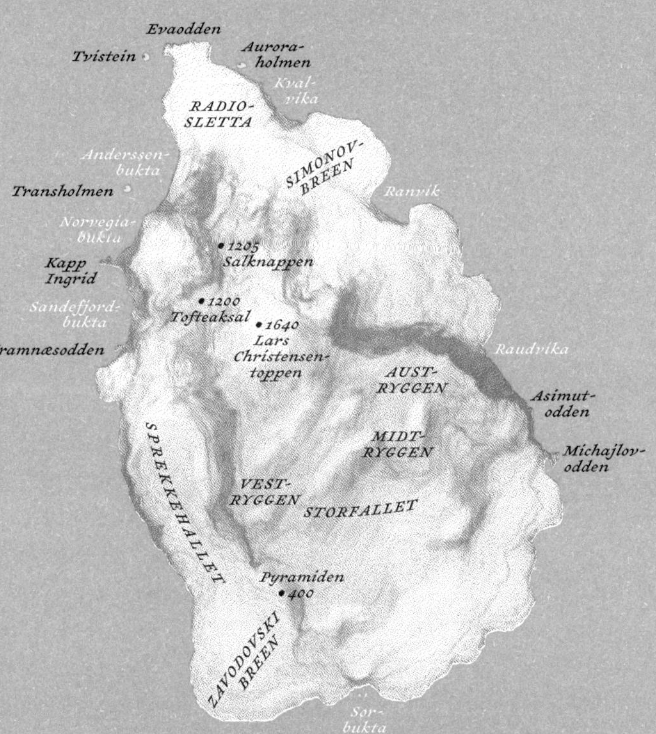
Evaodden
Tvistein
Aurora-
holmen
Kval-
vika
RADIO-
SLETTA
Anderssen-
bukta
SIMONOV-
BREEN
Transholmen
Ranvik
Norvegia-
bukta
1205
Salknappen
Kapp
Ingrid
1200
Tofteaksal
Sandefjord-
bukta
1640
Lars
Christensen-
toppen
Framnæsodden
Raudvika
AUST-
RYGGEN
Asimut-
odden
MIDT-
RYGGEN
Michajlov-
odden
SPREKKEHALLET
VEST-
RYGGEN
STORFALLET
Pyramiden
400
ZAVODOVSKI
BREEN
Sør-
bukta
0 1 2 3 4 5 km

Peter-I.-Insel

LARS CHRISTENSEN, Schiffsreeder und Konsul aus Sandefjord, rüstet seinen Walfänger *SS Odd I* für eine Expedition. Mit Kohlen vollbeladen, verlässt das Walboot am 12. Januar 1927 den Hafen der Deception-Insel. Fünf Tage später erreichen sie das Eiland: Vor mehr als einem Jahrhundert entdeckt, immer noch unbetreten und fast das gesamte Jahr im Packeis versteckt. Sie umfahren die Insel. An der westlichen Küste ragt der höchste Gipfel empor, ein Vulkan, von dem niemand weiß, ob er nur schläft oder für immer verstummt ist. Von allen Seiten sind die kahlen Ufer steil, fast senkrecht klaffen die Eisklippen aus dem ungestümen Meer. Am Nachmittag macht der Kapitän den Versuch, mit einem Schiffsboot anzulanden, aber vergeblich – es gibt keine einzige schützende Bucht, noch weniger einen Hafen, nur ein paar schmale Strände aus schwarzem Geröll und Gletscher, die ihre Zungen in die See strecken. Die Landung bleibt unmöglich. Um irgendetwas mitzunehmen, sammeln sie Gestein, gebröckelte Beweise ihrer Fahrt. // Der Petrograf Olaf Anton Broch untersucht sie eingehend: *Die vorliegenden Proben, insgesamt 175 Stück, sind meistens mehr oder weniger abgerundete Strandgerölle; ihre Große schwankt zwischen Haselnuss- und doppelter Faustgröße. Einige von ihnen sind lockerer, bisweilen schlackiger Konsistenz. Sie wurden ganz in der Nähe der Westküste, außerhalb des Kap Ingrid Christensen gedredscht. Die vorliegenden Gesteinstypen sind alle durch mehrere Spezimina vertreten und petrografisch mehr oder weniger miteinander verwandt. Sämtliche untersuchte Proben sind eruptiver Natur. Makroskopisch erhält man den Eindruck, dass eine reiche Fülle verschiedener Gesteinstypen vorliegt; eine eingehendere Untersuchung reduziert jedoch die Zahl der Haupttypen, und zwar zeigt die Durchmusterung von 22 Dünnschliffen, dass es sich ausschließlich um Basalte, Andesite und sogenannte Trachy-Andesite handelt. An Zahl völlig überwiegend sind die Gerölle von Basalt. Auf der Peter-I.-Insel herrscht der basaltische Charakter vor.* // Mehr ist nicht zu sagen über unbetretenes Land.

Alle im Taschenatlas enthaltenen Inseln sind im jeweils identischen Maßstab – 1:200 000 – abgebildet.

JUDITH SCHALANSKY, geboren 1980 in Greifswald, lebt als freie Schriftstellerin, Buchgestalterin und Herausgeberin der Reihe ›Naturkunden‹ in Berlin. Ihr vielfach ausgezeichnetes Werk ist in mehr als 25 Sprachen übersetzt.

Erste Auflage 2023
suhrkamp taschenbuch 5002
Suhrkamp Verlag AG, Berlin, 2023
Lizenzausgabe mit freundlicher Genehmigung des mareverlags

ILLUSTRATION, GESTALTUNG, SATZ
Judith Schalansky, Berlin
SCHRIFT
MVB Sirenne
DRUCK UND BINDUNG
Memminger MedienCentrum AG, Memmingen

Dieses Buch wurde klimaneutral produziert.
ClimatePartner.com/14438-2110-1001
Printed in Germany
ISBN 978-3-518-47002-2

www.suhrkamp.de